Sports English :
Sports World through Bundled Grammar

스포츠 영어

: 묶음 문법으로 보는 스포츠 세상

문개성 지음

박영사

머리말

우리는 1년 365일 스포츠를 접하고 지냅니다. 어느 투자자가 스포츠계의 넷플릭스를 만든다면 모든 대륙과 국가를 클릭하며 좋아하는 종목을 언제든지 선택할 수 있을 것입니다. 익숙한 야구, 축구, 농구, 배구는 물론 미식축구, 아이스하키, 골프 등을 비롯해 씨름, 스모, 무에타이, 카포에라 등 나라별 전통 스포츠도 즐길 수 있겠죠. 이러한 수요는 사라져 가는 지역별 체육·스포츠 활동의 복원도 기대해 볼 수 있습니다.

파격과 도전을 선보인 2024 파리 올림픽이 끝나고 다음 개최지에 관심이 쏠리고 있습니다. 2028 LA 올림픽과 2032 브리즈번 올림픽입니다. 2036년도는 어디서 개최가 될까요? 1936년 베를린 올림픽 이후 100주년을 기념해 독일에서 신청할 수 있습니다. 아프리카 대륙 최초의 올림픽으로서 남아프리카공화국이 그 주인공이 될 수도 있겠죠. 그렇다면 우리는 어떤 이슈를 준비해야 호주 대륙에서 이동해 개최지로 선정될 수 있을까요? 1988 서울 하계올림픽은 동서 화합이란 이슈를 남겼습니다. 2036년은 한반도 화합이란 이슈로서 2032년 남북이 공동 추진하기로 했던 불씨를 다시 살려보면 어떨까요? 전자는 강대국들이 주도한 질서이지만, 후자는 우리가 주도하는 세계질서의 첫 단추를 꿰매는 의미 그 이상일 것입니다. 정치색이 상대적으로 약한 스포츠가 갖는 힘이고, 평화 이슈야말로 그 누구도 거부할 수 없는 보편적 생각이니까요.

고대 그리스와 로마 문명사를 보면, 패권이 범 그리스 권역에서 로마로 넘어간 이후에도 국제어로서 그리스어를 사용했다고 합니다. 아테네 등에서 세련되고 찬란한 문화를 남김으로써 자연스럽게 언어에도 사회문화적 보편성이 가미됐을 것입니다. 오늘날의 미국식 영어는 어떨까요? 2차 세계대전 이후 패권 질서가 미국이 주도하면서 국제언어로서 위상을 지키고 있습니다. 독립선언을 한 지 약 250년밖에 안 되는 미국은 아마 인류의 최대 실험장일지도 모릅니다. 고대 로마와 비견되는 혹은 그 이상의 초강대국으로서 정치, 사회, 문화적으로 세계에 엄청난 영향력을 미칩니다. 물론 정크푸드로 20만 년 전 호모 사피엔스가 도래한 이후 몇백 킬로그램이 넘는 인류를 접하기도 합니다. 정치적 타협의 종말로 민주주의의 위기란 말도 나옵니다. 그럼에도 우리

인류가 살아가는 삶의 양태를 곰곰이 살펴보면, 에너지와 교통수단, 인터넷과 통신수단, 데이터와 AI 등에 이르기까지 미국에서 양산된 상품을 사용하며, 혁신에 목말라하는 사람들을 열광시킵니다.

영어, 우린 어떻게 이해해야 할까요? 스포츠(sports)란 단어는 라틴어인 portare(나르다, 운반하다)에서 유래됐다고 합니다. 이후 즐거움을 나르다란 의미로서 우리에게 약속이나 각본없이 재미를 선사합니다. 그렇다면 스포츠 영어를 통해 즐거움, 재미, 호기심 등을 자신과 주변에 나를 수 있는 수단이 되면 어떨까요? 네이티브가 아닌 이상 완벽한 언어 구사란 쉽지가 않겠죠. 다만, 모국어를 잘해야 좀 더 구조적인 영어를 표현할 수 있습니다. 이 개념을 토대로 좋아하는 스포츠 언어를 익히면서 세계 누구를 만나더라도 스몰토크로써 대화가 가능한 스포츠 영어에 매력적으로 다가가길 기대합니다.

필자 경험에 비추어 앞에 등장하는 몇 가지 문법 쪽에서만 손때가 묻었던 숱한 교재를 떠올리며, 묶음 문법으로 구성했습니다. 즉, 한 번 앉더라도 묶음으로 문법을 학습한 후에 자리에서 일어나길 권유합니다. 앞으로도 우리 곁을 떠나지 않을 스포츠 세계에 영어로서 발을 들여놓은 독자들에게 감사의 말씀을 드리며, 지속적으로 업데이트가 되는 교재로서 가치가 있길 바랍니다. 감사합니다.

2025년 매서운 겨울, 지덕겸수(知德兼修)와 도의실천(道義實踐) 연구실에서
문개성

차례 | C O N T E N T S

PART 06   시제 | 농구 & 배구 Basketball & Volleyball

CHAPTER 01   시제 Verb Tenses   128

PART 08 | 비교급 & 최상급 | 아이스하키 Ice Hockey

PART 09 부정사, 동명사, & 분사 | 테니스 Tennis

CHAPTER 04   골프 Golf   240

PART
01

스포츠 동사 & 질문형
| 올림픽 The Olympics

CHAPTER 01 | 스포츠 동사 Sports Verbs

1. 스포츠를 하는 동사

스포츠를 하는 동사란 어감이 다소 낯설지만, 꽤 많이 등장하는 동사로서 play, go, do가 있음

1 play + ball game

① play는 보통 구기종목과 쓰임. 즉 개인 혹은 팀의 경쟁상대가 있고, 공(ball)을 사용하는 종목과 함께 사용함

② play + badminton 배드민턴, baseball 야구, basketball 농구, board games 보드 게임, 판 위에 말을 이동시켜가며 하는 모든 게임, chess 체스, cricket 크리켓, football 축구, 미국에선 American Football로 미식축구임, go 바둑, 이세돌 9단과 알파고가 맞붙었던 바둑을 영어로 go라고 함, golf 골프, hockey 하키, rugby 럭비, snooker 스누커, 흰색 큐볼 1개로 적색 공 15개나 다른 색깔 공 6개를 순서대로 쳐서 포켓에 넣는 당구의 일종, squash 스쿼시, softball 소프트볼, table-tennis 탁구(=ping-pong), tennis 테니스, volleyball 배구

• In the spring, people **play golf**.
 봄에 사람들은 골프를 칩니다.

• I usually **play board games**.
 나는 주로 보드 게임을 해요.

- How long have you been **playing Go**?
  당신은 바둑을 둔 지 얼마나 됐어요?

- The Yankees will **play** the Red Sox next week.
  다음 주에 양키스가 레드삭스와 경기를 할 것입니다. (***play with**로 쓰지 않음)

- Last night, New York **played** San Fransico.
  어젯밤, 뉴욕은 샌프란시스코와 경기를 했어요.

- Who is **playing** the FC Seoul today?
  누가 오늘 FC 서울과 경기를 하지요?

- I **have been playing** tennis for over 5 years.
  나는 5년 이상 테니스를 치고 있어요. (**현재완료진행 PART 06에도 등장**/테니스를 쳐 오고 있음의 의미)

- When I was young, we **played** football in the street.
  어릴 때, 우리는 길거리에서 축구를 했어요.

- My brother likes to **play** hockey.
  내 형은 하키 경기하는 것을 좋아해요.

예외 **go + bowling**

- My girlfriend and I **went bowling** last night.
  여자 친구와 나는 어젯밤에 볼링을 했어요.

- I go bowling on Saturdays.
  나는 토요일마다 볼링을 합니다.

  = I bowl on Saturdays.

배드민턴

스누커

2 go + ~ing

① go는 뒤에 ~ing 형태의 종목으로 어디를 가서도 할 수 있는 스포츠임
② go + boating 보트 타기, camping 캠핑, climbing 등산, cycling 사이클, dancing 댄스, fishing 낚시, hitch-hiking 히치하이킹, 남의 차를 얻어 타고 다니며 여행하는 것, ice-skating 아이스 스케이트, jogging 조깅, roller-skating 롤러스케이팅, riding 자전거 타기, running 러닝, sailing 보트/요트/배 타기, skating 스케이트, skiing 스키, snow boarding 스노우보드 타기, swimming 수영, waterskiing 수상스키, windsurfing 윈드서핑

- In the fall, people **go bike riding**.
  가을에 사람들은 자전거를 탑니다.

- Do you ever **go ice skating** at the rink?
  당신은 링크에서 아이스 스케이트를 타러 가요?

- Sometimes he **goes snow boarding** to release his stress.
  가끔 그는 스트레스를 해소하러 스노보드 타러 갑니다.

- My family **went camping** by the lake this summer.
  내 가족은 이번여름에 호숫가로 캠핑을 갔어요.

- When can we **go skiing**?
  언제 우리 스키 탈 수 있어요?

• My cousins **go fishing** with their friends on the weekends.
  내 사촌들은 주말마다 친구들과 낚시를 갑니다.

예외 golf는 공을 사용하므로 play를 쓰고, golf 자체를 동사로 쓰이기도 함

• We **play golf** every weekends.
  우리는 주말마다 골프를 칩니다.
  = We golf every weekends.
  = We go golfing every weekends.

사이클링	조깅

3 do + martial arts

① do는 무술, 무도와 같은 몸과 관련한 스포츠와 개인운동에 쓰임. 즉, 혼자서 할 수 있고, 공이 필요 없는 스포츠에 해당함

② do + aerobics 에어로빅, archery 활쏘기, 올림픽 종목 양궁이면서 우리 전통 무예인 궁도도 해당됨. 집중력을 발휘하기 위한 몸의 정적인 움직임과 관련돼 do와 함께 쓰임, ballet 발레, boxing 권투, crossword puzzle 크로스워드 퍼즐, 십자말풀이, exercise 운동, gymnastics 체조, hapkido 합기도, karate 가라테, kendo 검도, judo 유도, kung-fu 쿵푸, shooting 사냥, sumo 스모, taekwondo 태권도, tai chi 태극권, 중국 송대에 시작된 체조식 권법, weightlifting 역도, weight training 근력 트레이닝, 뒤에 ~ing라고 해서 go가 아니라 do와 함께 쓰임, yoga 요가

- My mother **does aerobics** twice a week.
  엄마는 일주일에 두 번 에어로빅 해요.

- She is going to **do archery**.
  그녀는 양궁을 하러 갈 거예요.

- I **do** a lot of **weight training**.
  나는 웨이트 트레이닝을 많이 합니다.

- All young children should be encouraged to **do gymnastics**.
  모든 어린 아이들은 체조를 하도록 해야 해요. (**be encouraged to** ~를 장려하다)

- Chloe **does yoga** with her friends.
  클로이는 친구들과 요가를 합니다.

- Amy **has been practicing taekwondo** since elementary school.
  에이미는 초등학교 때부터 태권도를 하고 있어요. (*무술에는 practice도 적합한 단어임/현재완료진행 PART 06에도 등장/태권도를 해 오고 있음의 의미)

비교 ice skates

- Many children **do figure skating** to become like Kim Yu-na.
  많은 아이들이 김연아처럼 되기 위해 피겨 스케이팅을 해요. (**do + figure skating**)

- In winter, many people like to **go skiing or (speed) skating**.
  겨울에는 많은 사람들이 스키 또는 스케이트 타는 것을 좋아해요. (**go + (speed) skating**)

- After school, we **go to play ice hockey**.
  방과 후에 우리는 아이스하키를 하러 가요. (**play + ice hockey**)

태권도

요가

2. 이기고 지는 동사

이기고 진다는 표현의 동사로서 이기는 표현은 <u>win</u>과 <u>beat</u>을 쓰고,
지다는 표현은 <u>lose</u>를 쓸 수 있음

— ” —

1 win, beat 이기다

win은 경주, 전투, 논쟁 등에 이기거나 상품, 상금을 획득할 때 주로 쓰이고, beat
은 경기, 싸움, 논쟁 등에서 '상대를 꺾다'라는 의미로 쓰임. win과 beat은 모두 불
규칙 동사임(win-won-won/ beat-beat-beaten)

- The Jeonbuk Hyundai **won**.
  전북현대가 이겼어요. (=beat)

- The Jeonbuk Hyundai **beat** the game.
  전북현대가 그 경기에서 이겼어요. (=won)

- South Korea has to **win** this game to go through to the next round.
  한국이 16강 진출이 위해서는 이 경기를 이겨야 합니다.

- If they don't **win**, they will go out.
  만약에 지면 탈락입니다. (***go out** 나가다, 탈락하다)

- My sister **wins** when we play go.
  우리가 바둑을 하면 내 여동생이 이겨요.

- My brother **beats** my sister when they play go.
  그들이 바둑을 하면 내 형이 내 여동생을 이겨요.

- They are hoping to **win** the gold medal.
  그들은 금메달을 따기를 희망하고 있습니다.

- The LA Dodgers **won against** Oakland Athletics.
  LA 다저스가 오클랜드 에슬레틱스를 상대로 이겼어요. (***win against** ~상대로 이기다.)

- The rain **beat against** the roof.
  비가 지붕을 두드렸습니다. (***beat against** ~에 부딪히다. ~를 때리다.)

- The LA Dodgers **beat** Oakland Athletics last week.
  LA 다저스가 지난주에 오클랜드 에슬레틱스를 이겼습니다.

- The LA Dodgers **beat** Oakland Athletics 5 **to** 4.
  다저스가 오클랜드 에슬레틱스를 5대 4로 이겼어요. (*[예] 2대0: **two to zero = two to nothing**)

- The game resulted **in a draw**.
  그 경기는 무승부로 끝났습니다. (***in a draw** 무승부로)
  = The game ended in a scoreless tie.

- The Korean team **came from behind and won** three to one.
  한국 팀은 3대 1로 역전승을 했어요. (***come from behind** 역전하다/**come from behind victory** 역전승하다)

- The team **has come from behind to tie up the match**.
  그 팀은 역전해서 동점까지 만들었어요. (***tie up the match** 동점으로 만들다)

- The Yankees **won in the bottom of the 9th inning**.
  양키스가 9회 말에 이겼다. (**in the ninth inning** 9회에/**in the top of the ninth inning** 9회 초에/**in the bottom of the ninth inning** 9회 말에)

유사

- Team **outplayed** us in the penalty shoot-out.
  팀은 우리를 승부차기로 이겼어요.
- Our team **dominated** the 1st half.
  전반전에 우리 팀이 우세했어요.
- That was a great **come back**.
  못했었는데 선전했어요.
- I want to **thump** a team.
  나는 상대 팀을 이기고 싶어요.

2 lose 지다

지다, 패배하다란 의미의 동사는 lose임
(lose-lost-lost)

- The Red Sox **lost**.
  레드 삭스가 졌습니다.
- The Red Sox **lost the game**.
  레드 삭스가 그 게임에서 졌습니다.
- The Red Sox **lost to the Yankees**.
  레드 삭스가 양키즈에게 졌어요. (**A lose to B** A가 B에게 패배하다 ↔ **A win against B** A가 B에게 이기다)

- The Red Sox **lost by three to four** in the game.
레드 삭스가 그 경기에서 3대 4로 역전패를 당했습니다.

- The Yankees **were beaten** yesterday.
양키즈가 어제 졌어요. **(수동태 PART 04에도 등장)**

- Kim Yu-na **was beaten by** Sotnikova in figure skating at the 2014 Sochi Winter Olympics. There was a judging dispute.
김연아 선수가 2014년 소치 동계올림픽 때 피겨스케이팅에서 소트니코바 선수에게 졌었죠. 판정시비가 있었어요. **(*judging dispute 판정시비)**

유사

- All **bets** are **off**.
어느 팀이 이길지 장담하기 힘들죠.

- It was a **draw**, two to two.
2대 2로 비겼어요.

CHAPTER

02 | 질문형 Question Forms

1. Yes/No 의문문

A: Do you know the athlete?

당신은 그 선수를 아세요? (*질문의 끝을 올려줌)

B: Yes, I do.

네, 알아요. (=Yes, I know the athlete.)

C: No, I don't.

아뇨, 몰라요. (=No, I don't know the athlete)

A: Are you happy to see your favorite player in person?

당신이 좋아하는 선수를 직접 보게 돼서 기쁩니까? (**in person** 직접, 몸소)

B: Yes, I am.

네, 기뻐요. (=Yes, I am happy to see my favorite player in person.)

C: No, I'm not.

아뇨. 기쁘지 않아요. (=No, I'm not happy to see my favorite player in person.)

2. Why, When, Which 의문문

A: I can't go to the stadium with you tomorrow.

저는 내일 당신과 함께 경기장에 갈 수 없어요.

B: Why not?

왜 안 돼요? (=Why can't you go to the stadium with me tomorrow.)

A: Because I have to work out to gym with my colleague.

13

저는 동료와 함께 체육관에 가서 운동을 해야 해요.

(**work out** = exercise 운동하다/workout 운동)

A: Have you been working out lately?

최근에 운동했어요?

B: Yes, I have been hitting the gym every day.

네, 매일 체육관에 가요. (**hit the gym** 헬스장 다니다, 운동하러 가다)

A: When are you going to go downtown?

언제 다운타운에 갈 거예요?

B: Tomorrow.

내일요. (=I'm going to downtown tomorrow.)

C: I have been to downtown.

나는 다운타운에 갔다 왔어요. (**have been to** 과거 어느 시점부터 지금까지 갔다 온 상태/**have gone to** 어디를 가서 돌아오지 않은 상태/현재완료시제 PART 06 에도 등장)

A: I have two tickets. Which ticket do you want?

나는 두 장의 표가 있어요. 당신은 어떤 표를 원하세요? (=Which one do you want?)

B: That one.

바로 그것을요. (=I want that ticket.)

3. Who, Whom, Whose 의문문

A: Who did you see after the game ended?

당신은 경기종료 후에 누구를 봤어요? (=Whom did you see after the game ended?)

B: A gold medal winner.

금메달리스트를요. (=I saw a gold medal winner.)

A: Who did you think will win?

누가 이길 것 같아요?

B: I don't Know.

모르겠어요.

A: There are a lot of players here. Whose baseball is this?

이곳은 선수가 많은데 이것은 누구의 야구공이죠?

B: Kris's.

크리스 것입니다. (=It's Kris's baseball.)

4. What, What + do 의문문

A: What did you see in that match?

그 경기에서 무엇을 봤습니까?

B: A home run.

홈런을요. (=I saw a home run.)

A: What are you doing outside now?

지금 밖에서 무엇을 하고 있어요?

B: I'm exercising.

운동을 하고 있어요.

A: What do you do when you work out?

운동할 때 무엇을 하는데요?

B: I usually do yoga and weight training.

보통 요가와 웨이트 트레이닝을 해요.

A: What do you think the score will be?

스코어가 어떻게 될 거라고 생각해요?

B: Three to two.

3대 2요.

5. How 의문문

A: You seem to be in good shape. How many push-ups can you do?
몸이 좋아 보이네요. 팔굽혀펴기를 몇 번 할 수 있어요?

B: I can do 100 push-ups. I do cardio to keep in shape.
100번 할 수 있어요. 몸매유지를 위해 유산소 운동을 해요. (***in good
shape** 몸매가 좋은/**out of shape** 몸매가 좋지 않은)

A: How many times a week do you go to exercise?
일주일에 몇 번 운동을 하나요?

B: I go to exercise three times a week.
일주일에 세 번 운동을 합니다.

A: How much do you exercise a day?
하루에 얼마나 운동을 하나요?

B: I exercise for about an hour.
한 시간 동안 운동을 합니다.

A: How long is this track?
이 트랙은 얼마나 길어요?

B: This track is 500 meters long.
500미터입니다.

A: How wide is this palyground?
이 놀이터는 얼마나 넓어요?

B: I don't know.
글쎄요. 모르겠어요.

A: How deep is this swimming pool?
이 수영장은 얼마나 깊어요?

B: The depth of the pool is about 150 centimeters.
대략 150센티미터쯤 돼요.

A: How heavy is this barbell?
이 바벨은 얼마나 무거워요?
B: This barbell weigh is 10 kilograms.
10킬로그램이에요.

A: How long does it take to the arena?
경기장까지 얼마나 걸립니까?
B: It took us twenty minutes there.
거기까지 20분 걸려요.

A: How often do you watch a sport event at the stadium?
당신은 얼마나 자주 경기장에서 스포츠 경기를 보나요?
B: About twice a month.
한 달에 두 번 정도요.

A: How soon is it going to start?
얼마나 빨리 시작하지요?
B: It starts 30 minutes early.
30분 일찍 시작합니다.

A: How late are you open?
얼마나 늦게 열죠?
B: It opens an hour from now.
지금부터 1시간 후에 문을 열어요.

A: How far is it to the fitness center from here?
여기서 헬스장까지 거리가 얼마나 되요?
B: About 2km
대략 2킬로미터요. (=It's about 2km to the fitness center from here.)

CHAPTER

03 | 올림픽 The Olympics

A: Do you know the origin of the Olympic torch relay?

B: Maybe, it started from the ancient Greek Olympia.

A: Yes, and it started in the modern Olympics in Amsterdam in 1928.

B: Who will be the last to carry the torch at this Olympics?

A: Well, it's always a secret until the last moment, so nobody knows.

B: Whoever it is, the last runner will be responsible for the torch relay.

A: 올림픽의 상징인 성화 봉송의 유래에 대해 알고 있나요?

B: 아마, 고대 그리스 올림피아 제전 때부터 시작된 것 아닌가요?

A: 맞아요, 그리고 근대 올림픽에서는 1928년 암스테르담 올림픽 때부터 시작됐어요.

B: 이번 올림픽 때 누가 마지막 성황 봉송 주자일까요?

A: 글쎄요, 그것은 항상 마지막까지 비밀이라 아무도 알 수가 없죠.

B: 누구든 간에 마지막 주자는 성화 봉송에 책임이 막중하겠어요.

- the Olympic torch 올림픽 성화
- carry the torch 성화를 봉송(운반)하다
- responsible for 책임이다. 담당이다(=in charge of)
  - The owner of sports club is responsible for scouting a new player.
    구단주가 새로운 선수의 영입에 책임이 있다.

A: What is the opening ceremony of the Olympics that you remember?

B: I was very impressed by the opening ceremony of the 2012 London Olympics.

A: I also remember that. There's a scene where the main character 007 escorts the real Queen Elizabeth.

B: Yes, it was like they were flying a helicopter to a real stadium. People in the world watching on TV were very surprised to see them jump off with their parachutes.

A: Who was the director of the opening ceremony?

B: He is Danny Boyle, a former movie director.

A: 당신이 기억에 남는 올림픽 개막식은 무엇이죠?

B: 전 2012년 런던 올림픽 개막식이 무척 인상 깊었어요.

A: 저도 기억나요. 영화 주인공 007이 실제 인물인 엘리자베스 여왕을 에스코트하는 장면이 나오죠.

B: 맞아요, 두 사람은 헬리콥터를 타고 실제 경기장에 가는 것처럼 연출이 됐죠. TV 로 보는 세상 사람들은 그들이 낙하산으로 뛰어내리는 장면을 보고 매우 놀랐죠.

A: 개막식 연출가가 누구였죠?

B: 그는 영화감독 출신인 대니 보일입니다.

- **opening ceremony** 개막식(↔ closing ceremony 폐막식)
  - It is time to rehearse for the opening ceremony.
    지금은 개막식 예행연습을 할 시간이다.
- **be impressed by(with)** ~에 깊은 인상을 받다
- **jump off** 뛰어내리다. 경기가 시작되다.

성황봉송   올림픽 개막식

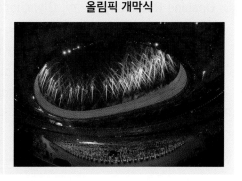

● **올림픽 표현**

(A) **Applaud the winner** 승자에게 박수를 치다, **Archery** 양궁, **Athlete** 선수, **Athletics/ Track and Field** 육상, **the Athlete in Second Place** 2위 선수, **the Athlete in Third Place** 3위 선수

(B) **Badminton** 배드민턴, **Balance Beam** 평균대, **Baseball** 야구, **Basketball** 농구, **Bench Warmer** 후보선수, **Boxing** 복싱, **Break a record** 기록을 깨다

(C) **Canoe** 카누, **Carry the torch** 성화를 봉송하다(**a torch bearer** 성화봉송주자, 지도자), **Carry the weight of a nation on one's shoulders** 국가를 대표하는 책임감을 짊어지다, **Closing Ceremony** 폐막식, **A come-from-behind Victory** 역전승, **Cycling** 사이클

(E) **Equestrian** 승마

(F) **Fencing** 펜싱, **The Finals** 결승전, **Finish Line** 결승선, **Floor Exercises** 마루운동, **Football** 축구

(G) **Get off to a good start** 좋은 출발을 하다, **Go for the gold** 금메달에 도전하다, 목표를 성취하다, **Gold medal** 금메달(**silver medal** 은메달, **bronze medal** 동메달), **Gymnastics Artistic** 체조, **Gymnastics Rhythmic** 리듬체조

(H) **Handball** 핸드볼, **High Jump** 높이뛰기, **Hockey** 하키, **the Host Country** 올림픽 주최국(**be the host** 주최하다), **Horizontal Bar** 철봉운동

(I) **Individual** 개인, **IOC** 국제올림픽위원회(**International Olympic Committee**)

(J) **Javelin** 창던지기, **Judo** 유도

(L) **Long Jump/Broad Jump** 멀리뛰기/넓이뛰기

(M) **Main Stadium** 주경기장, **Modern Pentathlon** 근대5종

(O) **Opening Ceremony** 개막식, **Olympians** 올림픽 출전 선수들, **The Olympics/The Olympic Games** 올림픽, **an Olympic Gold Medal** 올림픽 금메달, **an Olympic Silver Medal** 올림픽 은메달, **an Olympic Bronze Medal** 올림픽 동메달, **the Olympic Flame** 올림픽 성화, **Official Olympic Sports** 올림픽 정식 종목, **the Olympic Stadium** 올림픽 경기장, **to outdo one's opponents** 경쟁자들보다 더 잘하다

(P) **Parallel Bars** 평행봉, **Pass the torch** 성화를 넘기다, **Pommel Horse** 안마

(Q) **The Quarterfinals** 8강

(R) **Record** 기록, **Rings** 링운동, **Rowing** 조정

(S) **Sailing** 요트, **The Semifinals** 4강/준결승, **Set a world record** 세계기록을 세우다, **Shooting** 사격, **Softball** 소프트볼, **Spectator** 관중, **Swimming** 수영

(T) **Table Tennis** 탁구, **Taekwondo** 태권도, **Take a victory lap** 우승을 한 후 경기장을 한 바퀴 돌다(**run a victory lap**), **Take an early lead** 선수(달리기 등)가 초반에 리드를 하다, **Team** 단체, **Teamwork** 팀워크 (**use teamwork** 팀워크를 발휘하다), **Tennis** 테니스, **Top three finisher** 상위 3위 안에 든 선수들, **Trampoline** 트램펄린 체조, **Triathlon** 트라이애슬론

(U) **Uneven Bars** 2단 평행봉

(V) **Vault** 도마, **Volleyball** 배구

(W) **Weightlifting** 역도, **Win a gold medal** 금메달을 따다, **Win for one's country** 국가를 위해 우승하다, **Wind up winning the entire race** 전체 경주에서 우승을 하다, **the Winning Athlete** 우승 선수, **the World's Top Athletes** 세계 정상급 선수, **Wrestling** 레슬링

● **과제**

1. play를 사용하여 자신의 스포츠 활동을 영작하시오.
2. go를 사용하여 자신의 스포츠 활동을 영작하시오.
3. do를 사용하여 자신의 스포츠 활동을 영작하시오.
4. win을 사용하여 자신의 스포츠 활동을 영작하시오.
5. lose를 사용하여 자신의 스포츠 활동을 영작하시오.

PART

02

명사, 대명사, & 관사
| 육상 Track & Field

CHAPTER 01 | 명사 Noun

1. 셀 수 있는 명사

1 보통명사

① 보통명사는 눈에 보이고 만질 수 있는 사람, 사물, 장소의 이름을 지칭함

② 보통명사 앞에는 a, an, -s(두 개 이상)가 와야 하고, 없으면 the(아까 말한 그),
소유격인 my(나의), your(너의), his(그의), her(그녀의), their(그들의)가 와
야 함. 또한 this(이~), that(저~), each(각자), one(하나), another(하나 더),
every(모든 + 단수명사) 등이 와야 함

- **a** uniform 유니폼 하나 **an** honest man 정직한 남자 **an** unhappy child 불행한 아이 **an** empty box 텅 빈 상자
- **some** boxes 몇 개 상자들(*셀 수 없는 명사 앞에도 씀 **some** fruit)
- **the** house 그 집
- **my** book 내 책
- **this** boy 이 소년 **that** girl 저 소녀 **these** apples 이 사과들 **those** pencils 저 연필들

- **Every** coach **has** the new manual.
  모든 코치가 새 매뉴얼을 가지고 있습니다.

- **Each** player **has** their ability.
  각각의 선수는 능력을 갖고 있어요.

- **One** team's doctor is absent.
  한 팀의 의사가 부재 중입니다.

- **Another** team's doctor is on duty.
  다른 팀의 의사는 근무 중입니다. (**on duty** 근무 중)

- **No** one has an opportunity.
  아무도 기회가 없어요.

- **Any** player is vulnerable to injury.
  어떠한 선수도 부상에 취약합니다. (**be vulnerable to** ~에 취약하다, 민감하다)

※ 복수형으로만 쓰는 명사(한 쌍을 이룸)
- chopsticks 젓가락
- glasses 안경
- gloves 장갑
- jeans 청바지
- pants 바지(=trousers)
- scissors 가위
- shoes 신발
- socks 양말

---

2 집합명사

① 집합명사는 사람, 사물이 모여 이루어진 집합의 이름을 지칭함
② 집합명사는 family(가족), people(사람들), police(경찰들), cattle(소떼) 등
   이 있음. family는 <u>단수와 복수 둘 다</u> 취급함. people, police, cattle은 뒤에
   -s가 없어도 뒤에 항상 복수로 취급함

- I have a large **family**. My **family is** living in Atlanta.
  난 대가족이 있습니다. 내 가족은 애틀랜타에 살고 있어요. (*이때 **family**는
  하나의 큰 개념)

- My **family are** all the LA Dodgers's fans.
  내 가족들은 모두 LA 다저스 팬입니다. (*이때 **family**는 구성원 각각의 개념)

- **People are** gathered at the bar after the game.
경기 끝나고 사람들이 바에 모여 있습니다.

- The **police are** putting down the hooligan.
경찰들이 훌리건을 진압하고 있어요. (***put down** (사람을) 묵사발로 만들다.
(사물을) 내려놓다. 착륙하다.)

- There is a traditional sport in Spain where **cattle chase** and **people run** away.
스페인에서는 소떼들이 쫓아가고 사람들이 도망치는 전통 스포츠가 있습니다.

2. 셀 수 없는 명사

1 고유명사

① 고유명사는 하나밖에 없는 이름을 지칭함
② 첫 단어는 Korea, Mt. Stone, Kris 등과 같이 **대문자**가 와야 하며, **a, an, -s**를 붙이지 않음

- **Son Heung-Min** is the famous player in the world.
손흥민은 세계적으로 유명한 선수입니다.

- **Korea** is the only divided country.
한국은 분단된 유일한 나라입니다.

- **Ballyeva** was suspected of doping.
발레바는 도핑의혹을 받았어요. (***be suspected of** ~의 혐의를 받다)

- In 2018, **South Korea** and **North Korea** have achieved harmony as a unified ice-hockey team.
2018년에 한국과 북한은 아이스하키 단일팀으로 화합을 이뤄냈어요.

2 추상명사

① 추상명사는 눈에 보이지 않고 형태가 없음
② 추상명사는 love, happiness 등과 같이 앞에는 **a, an, -s를 붙이지 않음**

- Exercise affects our **happiness**.
  운동은 우리의 행복에 영향을 줍니다.

- **Health** is better than **wealth**.
  건강이 부(富)보다 나아요.

- I fell several times and suffered **pain**.
  나는 여러 번 넘어졌고 고통을 겪었어요.

- Give us **freedom**.
  자유를 주세요.

- He was attracted by her **kindness**.
  그는 그녀의 친절함에 이끌렸어요.

3 물질명사

① 물질명사는 특정한 형태가 없고, 셀 수 없을 정도로 많으며, 놔두어도 성질이 변하지 않는 음식 재료 등을 나타냄
② **a bag of flour** 밀가루 한 봉지, **a bowl of cereal** 시리얼 한 그릇, **a box of crackers** 크래커 한 상자, **a bottle of mineral water** 생수 한 병, **a can of corn** 옥수수 한 캔, **a cake of soap** 비누 한 장, **a cup of green tea** 차 한 잔, **a flash of lightning** 한차례의 번개, **a glass of beer** 맥주 한 잔, **a lump of sugar** 설탕 한 덩어리, **a piece of bread** 빵 한 조각, **a roar of laughter** 한바탕 웃음, **a sheet of paper** 종이 한 장, **a school of fish** 물고기 한 무리, **a slice of cheese** 치즈 한 조각, **a spoonful of salt** 소금 한 숟가락

- I drink **four cups of coffee** everyday.
  나는 매일 4잔의 커피를 마십니다.

- She eats **a bowl of cereal** every morning.
  그녀는 매일 아침 시리얼을 먹어요.

육상	스포츠 신발

- **셀 수 있을 것 같은데, 실제로는 셀 수 없는 명사**
  advice 조언, access 접근, baggage/luggage 짐/수화물, clothing 의복, correspondence 서신, equipment 장비, eyewear 안경/콘텍트 렌즈 등의 안경류, footwear 신발/신발류, funding 자금, furniture 가구, gear 장비, glassware 유리제품/유리그릇, hardware 컴퓨터 하드웨어/철물, information 정보, kitchenware 부엌용품, machinery 기계, merchandise 상품, news 뉴스, poetry 시, progress 진행, software 소프트웨어, sportswear 운동복

  - I want you to ask him for <u>advice</u>. How can you run fast?
    저는 당신이 그에게 조언을 구했으면 해요. 어떻게 하면 빨리 달릴 수 있을까요?
  - There is not enough <u>information</u> about sports taping.
    스포츠 테이핑에 관한 정보가 충분하지 않습니다.

- **복수형태이지만, 단수 취급하는 명사**
  ① economics 경제학, ethics 윤리학, mathematics 수학, phonetics 음성학, physics 물리학, politics 정치학 등과 같은 학문명칭
  ② the Netherlands 네덜란드, the Philippines 필리핀, the United States 미국과 같은 여러 섬 혹은 주(州)로 이루어진 국가명칭(앞에는 the, 형태는 -s, 단수취급)
  ③ miles 등과 같은 시간, 거리, 가격, 중량

  - <u>Politics is</u> an inseparable field from various fields such as economics and geography.
    정치학은 경제학, 지리학 등의 다양한 분야와 떼려야 뗄 수 없는 분야입니다.
  - <u>The United States is</u> made up of 50 states and has its own urban culture.
    미국은 50개 주로 되어 있고, 각자의 도시문화를 가지고 있습니다.
  - A thousand <u>dollars is</u> a large sum for undergraduates.
    천 달러는 학부생들에게 큰 금액입니다.

CHAPTER 02 | 대명사 Pronoun

1. 인칭대명사

앞서 언급된 사람을 다시 가리킴

- **He** is a member of the badminton team that represents Korea.
  그는 한국을 대표하는 배드민턴팀 멤버입니다.
- **She** has been retired from the national handball team for five years.
  그녀는 국가대표 핸드볼팀에서 은퇴한 지 5년이 됐어요.

2. 지시대명사

이것, 저것, 이 사람, 저 사람과 같이 가리킴

- **These** soccer shoes are dirty.
  이 축구화는 더럽네요.
- **Those** players are on a break.
  그 선수들은 휴식 중입니다.

3. 부정대명사

① 정해져 있지 않은 사람, 사물을 가리킴
② <u>each</u> of the 복수명사 + 단수동사
③ one, another, the other, the others, others
④ <u>some, most, all, many, a few, few, each, both</u> of the 셀 수 있는 명사 복수형
⑤ <u>some, most, all, much, a little, little</u> of the 셀 수 없는 명사
⑥ all + 단수 취급, all of the 명사 + 단수 혹은 복수

99 —

- **Each** of the athletes **has** the new skill.
  각 선수들은 새로운 기술을 갖고 있습니다.

- **Some** players **know** and **study** their coach's strategies in advance.
  어떤 선수들은 코치의 전략을 미리 알고 연구합니다.

- **All is** up to you.
  모든 것은 자신이 하기 나름입니다.

여기서 잠깐!

- **one, another, the other 차이**
  - There are two players in a bench. <u>One</u> is a pitcher. <u>The other</u> is a catcher.
    벤치에 두 명의 선수들이 있어요. 한 명은 투수입니다. 다른 한 명은 포수입니다.
  - There are three soccer players in a bench. <u>One</u> is a striker. <u>Another</u> is a defender. <u>The other</u> is a goalkeeper.
    벤치에 세 명의 선수들이 있습니다. 한 명은 공격수예요. 다른 한 명은 수비수입니다. 나머지 다른 한 명은 골키퍼입니다.
  - There are some kinds of sports racing businesses in South Korea. The horse racing business is <u>one</u> kind. <u>Some others</u> are cycle racing and motorboat racing business.
    한국에는 몇 가지 종류의 경주사업이 있습니다. 하나는 경마사업입니다. 나머지 것들은 경륜과 경정사업입니다. (=**Some other kinds** ~)
  - There are four major professional sports leagues in Korea. Baseball and football are two. <u>The others</u> are basketball and volleyball.
    한국에는 대표적인 4대 프로스포츠 리그가 있습니다. 야구와 축구, 두 개가 있어요. 나머지는 농구와 배구입니다. (=**The other leagues** ~)

수영	경마사업

CHAPTER 03 | 관사 Article

1. 부정관사

생소한 것 앞에 a, an을 씀

— "" —

- She is **a** kind person in the team.
  그녀는 그 팀에서 친절한 사람입니다.
- **A** team needs teamwork more than ever.
  팀은 어느 때보다 팀 워크를 필요로 합니다.

2. 정관사

정관사는 특정적인 것 앞에는 the를 씀

— "" —

1 유일한 것 앞에 써야 하는 the

the earth 지구, the moon 달, the sky 하늘, the sun 태양, the world 세상

- I want to travel a lot of stadiums around **the world**.
  나는 전 세계의 많은 경기장을 여행하고 싶어요.

- The soccer ball flew high up in **the sky**.
  축구공이 하늘 높이 날아 올랐어요.

2 국적 사람 앞에 써야 하는 the

the Korean 한국인, the Chinese 중국인, the English 영국인, the French 프랑스인, the Japanese 일본인, the Spanish 스페인인

- **The Korean** is good at Taekwondo.
  한국인은 태권도를 잘합니다.
- **The Italians** have a very urgent personality.
  이탈리아인들은 매우 급한 성격을 갖고 있어요.

3 서수 앞에 써야 하는 the

the first 첫 번째, the second 두 번째, the third 세 번째, the fourth 네 번째, the fifth 다섯 번째, the sixth 여섯 번째, the seventh 일곱 번째, the eighth 여덟 번째, the ninth 아홉 번째, the tenth 열 번째

- **The first** runner is important in the relay race.
  릴레이 경주에서 첫 번째 주자가 중요합니다.
- He was **the fourth** batter, and he was out soon.
  그는 4번 타자였고, 곧 아웃됐어요.

4 최상급, 비교급, same 앞에 써야 하는 the

the best, the same

- This is **the most** interesting match in the world.
  이것은 세상에서 가장 재미있는 경기입니다.

- He is **the smartest** player in the team.
  그는 팀에서 가장 영리합니다.

5 악기, 방향 앞에 써야 하는 the

the piano 피아노, the guitar 기타, the east 동쪽, the west 서쪽, the south 남쪽, the north 북쪽, the right 오른쪽, the left 왼쪽

- She wants to learn how to play **the guitar**.
  그녀는 기타를 배우고 싶어 합니다.

- If you go to **the left**, there is a big stadium.
  당신이 왼쪽을 가면, 거기에는 큰 경기장이 있어요.

6 신체, 수량 앞에 써야 하는 the

the shoulder 어깨, the hour 시간, the pound 파운드

- I patted her on **the shoulder**.
  나는 그녀의 어깨를 툭 쳤어요. (=I patted her shoulder.)

- We practiced Taekwondo for **the hour**.
  우리는 한 시간 동안 태권도를 연습했어요.

- **The won** is weak against **the dollar**.
  달러 대비 원화가 약세입니다.

여기서 잠깐!

- **the number of, a number of 비교**

  ① **the number of** + 복수 명사 + 단수 동사

  ② **a number of** + 복수 명사 + 복수 동사

  - **The number of athletes** in a league **is** over 200.

    리그의 선수들의 수는 200명이 넘습니다.

  - **A number of athletes** in the league **are** suffer from injuries.

    많은 선수들이 부상으로 고통받고 있습니다.

3. 관사를 쓰지 않는 경우

친숙한 것 앞에는 관사를 쓰지 않음

1 식사 앞

breakfast 아침식사, lunch 점심식사, dinner 저녁식사

- I like to run before **breakfast**.
  나는 조식 전에 달리기 하는 것을 좋아합니다.

- She takes a nutritional supplement after **dinner**.
  그녀는 석식 후에 영양제를 섭취해요.

2 언어 앞

Korean 한국어, Chinese 중국어, English 영어, French 프랑스어, Japanese 일본어, Spanish 스페인어

- Due to the influence of K-POP, the popularity of **Korean** is also rising.
  K-POP의 영향으로 한국어의 인기도 올라가고 있습니다.

- If you understand sports **English** broadcasts, the game feels more interesting.
  스포츠 영어 중계를 이해하면 경기가 좀 더 재미있게 느껴집니다.

3 운동 앞

baseball 야구, basketball 농구, soccer 축구, volleyball 배구

- There is a debate among people about which sports is harder, **football** or **basketball**.
  축구와 농구 중 어떤 스포츠가 더 힘든지 사람들 사이에서 논쟁이 있습니다.
- I watched **baseball** games all afternoon yesterday.
  나는 어제 오후 내내 야구경기를 봤습니다.

배구   농구

4 과목, 학문 앞

art 미술, economics 경제학, history 역사, mathematics 수학, music 음악

- I like sports **marketing** more than sports **physiology**.
  저는 스포츠 생리학보다 스포츠 마케팅을 좋아합니다.
- Recently, sports **economics** has been in the spotlight.
  최근 스포츠 경제학이 각광을 받고 있습니다.

5 교통, 통신 앞

by bicycle 자전거로, by bus 버스로, by car 자동차로, by mail 우편으로, by e-mail 전자우편으로, by plane/air 비행기로, by subway 지하철로, by taxi 택시로, by telephone 전화로, by train 기차로

- I always go to the stadium **by bus**.
  나는 항상 버스를 타고 경기자에 갑니다.

- Do you go to work **by subway** every morning?
  당신은 매일 아침 지하철로 출근하세요?

6 호칭, 직책, 게이트, 방, 거리, 페이지 앞

waiter 웨이터, Gate 5 5번 게이트, Room 302 302호, Second Street 2번가, Page 7 페이지

- Go out **Gate 3** to get to the stadium.
  그 경기장으로 가고자 하면 게이트 3번으로 나가세요.

- There's a gym on **Fifth Avenue**.
  5번가에 헬스장이 있어요.

육상선수

육상경기장

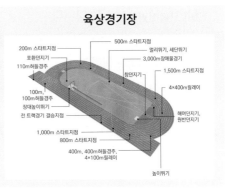

CHAPTER 04 | 육상경기 Track & Field

A: Have you been working out lately?

B: Yes, I have been hitting the gym every day.

A: What do you do when you work out?

B: I usually do yoga and weight training.

A: You seem to be in good shape. How many push-ups can you do?

B: I can do 100 push-ups.

A: 최근에 운동했어요?

B: 네, 매일 체육관에 가요.

A: 운동할 때 무엇을 하는데요?

B: 보통 요가와 웨이트 트레이닝을 해요.

A: 몸이 좋아 보이네요. 팔굽혀펴기를 몇 번 할 수 있어요?

B: 100번 할 수 있어요.

• **work out** 운동하다. 몸을 단련하다(workout 운동)

  - I work out at the gym everyday. 나는 매일 헬스장에서 운동해요.

• **hit the gym** 헬스장 다니다

  - It's time to hit the gym. 헬스장 갈 시간입니다.

• **in good shape** 몸매가 좋은(↔ out of shape)

  - I do cardio to keep in shape. 나는 몸매유지를 위해 유산소 운동을 합니다.

A: I heard you're learning badminton at the National Sports Center these days.

B: Yeah, I'm still a beginner, but I think it's the right kind of exercise for me.

A: How many times a week do you learn?

B: I learn three times a week. When the weather is nice, I take one more outdoor lesson.

A: Don't you have a strain on your wrist or ankle?

B: At first, I felt a bit like that way. So I think basic moves are important.

A: 요즘 국민체육센터에서 배드민턴을 배운다면서요?

B: 네, 아직 초보이지만 저에게 맞는 운동인 것 같아요.

A: 일주일에 몇 번 배우세요?

B: 세 번 배워요. 날씨가 좋을 때는 야외 강습으로 한 번 더 배우고요.

A: 손목이나 발목에 무리가 가지 않으세요?

B: 처음에는 다소 그런 느낌이 들었어요. 그래서 기초 동작이 중요한 것 같아요.

여기서 잠깐!

● **육상 표현**

(A) **Announcer** 경기장의 통보원, **Academic Relay** 릴레이 경기의 하나로 4명의 주자가 각각 100m, 200m, 400m, 800m를 달리는 것, **Acceleration** 달리기 기술에 있어 막힘이 없이 점차 스피드를 증가시켜 가는 것, **Age Limit** 나이 제한, **Anchor** 릴레이 경기의 최종주자, **Arch Motion** 장대높이뛰기에서 몸이 바를 넘을 때 허리를 중심으로 아치형이 되어 넘어가는 동작, **Action in the Air** 공중동작, **Appear to be a tie** 거의 동시에 들어온 것처럼 보인다, **Arm Motion** 팔 흔드는 방법, **Area Record** 대륙 최고기록, **Asphalt Mat** 트랙이나 던지기 경기의 서클, **At the starting line** 출발선에서, 어떤 일을 할 준비가 돼 있는, **Athletics** 육상경기, **Average Lap Time** 평균구간속도

(B) **Bally Roll Over** 높이뛰기에서 흔들어 올린 다리로 바를 타고 넘고 발 구름 다리를 넘기는 자세, **Back Straight** 본부석 건너편의 직선주로, **Baton Touch** 릴레이 레이스에서 주자가 다음 주자에게 바톤을 넘기는 일, **The bell lap** 종을 쳐서 알려주는 마지막 바퀴(**the final stretch**), **Bend** 곡선주로, **Bend Technique** 곡선주로를 달리는 기술, **Best Six** 필드 경기 등 6명 이상 경기에서 예선을 거쳐 결승에 올라온 6명의 선수, **Break the rules** 규칙을 어기다, **Build Up** 라스트 스퍼트를 위해 일정한 거리를 빨리 달리는 연습법, **Bumping** 경기 도중 선수 간의 충돌

(C) **Cage** 투척경기(원반던지기, 해머던지기)의 보호망, **Carry a baton** 배턴을 들다, **Championship Game** 선수권 대회, **Championship Record** 세계선수권 기록, **Clear the Bar** 높이뛰기, 장대높이뛰기에서 바를 넘음, **Coasting** 관성질주, **Complete one's leg** 육상경기에서 자신의 구간을 마치다, **Corner Work** 코너를 달리는 방법, **Course** 코스(마라톤 등)/Separate Course, Open Course가 있음, **Cinder Track** 석탄재와 토사를 혼합한 후 소금을 뿌려 굳게 다진 트랙, **Circle** 던지기(투척종목) 경기자가 들어가서 경기하는 원형모양의 경기장, **Crouching Start** 엎드려 출발하기(단거리, 중거리, 허들경기, 릴레이 경기)/발을 대는 위치에 따라 Bunch Start, Medium Start, Elongated Start로 분류, **Cross Bar** 높이뛰기, 장대높이뛰기용 bar(바), **Cross Step** 창던지기에서 던지기를 하기 위한 준비동작, **Cross Country Race** 산야횡단경주

(D) **Dash** 대시/힘차게 달리는 것, **Dead heat** 데드 히트/경기 전 결승점에 거의 동시에 들어오는 것, **Decathlon** 데카슬론/10종 경기(100m, 높이뛰기, 멀리뛰기, 포환던지기, 400m, 원반던지기, 110m허들, 장대높이뛰기, 창던지기, 1500m), **Doping** 도핑, **Discus** 디스커스/원반, **Discus Draw** 원반던지기, **Distance Race** 1마일 이상의 경

주로 장거리 경주, **Dip** 허들을 넘을 때 몸을 앞으로 기울이는 것, **be disqualified from the race** 레이스에서 실격처리되다, **Discus Thrower** 원반던지기 선수, **DNS(Did Not Start)** 스타트를 못함, **DNF(Did Not Finish)** 중도포기, **DQ(DisQualified)** 실격, **Draw** 경기의 코스, **Throwing** 던지기 경기(투척종목)

(E) **Eastern Style** 높이뛰기에 있어 정면으로 뛰는 방법, **En-Tout-Cas** 앙투카/트랙과 필드에 사용되는 적갈색의 흙, **Entry** 경기에 참가를 신청하는 일, **Event** 경기종목으로 트랙 이벤트와 필드 이벤트로 분류

(F) **False Start** 부정출발, **Fartlek** 변화 있는 코스에서 여러 가지 다른 주법으로 훈련하는 중장거리 선수의 연습법, **Fibe Glass Pole** 장대높이뛰기용 봉(탄력성을 위해 파이버글라스 재료를 사용), **Final** 결승경기, **Flat** 정각/'꼭', '정확히'/10초 Flat(정확히 10초), **Flying Start** 피스톨 발사 전에 뛰어 나가는 부정출발(2회 이상이면 실격), **Finish Post** 결승선 양쪽에 세워진 지주, **Foot Fault** 발동작반칙(멀리뛰기 등에서 발 구름선 너머로 발을 짚는 경우), **Form** 달리거나 운동하는 자세, **Foul** 도약·투척경기에서의 부정시합, **Full Marathon** 42.195km의 정규거리의 마라톤, **Full Speed** 전속력

(G) **Gallop** 갤럽/달리는 말의 모양에서 생긴 말로 한 걸음마다 두 발을 모아서 달림, **Get disqualified** 선수가 실격되다, **Get Set** 겟 세트/'차렷' 또는 '준비'의 뜻/스타트 직전의 자세, **Give it one's all** 최선을 다하다(do one's best), **Goalline** 결승선, **Goal Post** 결승주/결승선의 양쪽 끝에 세워진 기둥, **Grip** 창에 끈을 감아 미끄럽지 않게 한 손잡이

(H) **Hammer Throw** 해머던지기, **Hand Time Keeping** 수동계시, **Heat** 출장자가 많은 경기에서 예선을 통해 결승까지 규정수의 선수를 선별할 때의 각 레이스, **Heptathlon** 7종 경기, **High Hurdle Race** 고장애물 경주, **High Jump** 높이뛰기, **Home Band** 본부석 쪽으로 진입하는 곡주로, **Hop** 세단뛰기의 제1도약, **Hop Line** 세단뛰기 경기에 있어서 뛸 때의 발 구름선, **Hop Step and Jump** 세단뛰기(현재는 **Triple Jump**라고 불림), **Hurdle** 장애물, **Hurdle Race** 허들경주(Hurdles)

(I) **Incoming Runner** 릴레이 경기 때 바톤을 넘겨주는 주자, **In Course** 인코스, **Indoor Game** 실내에서 행해지는 육상경기, **Inner Ground** 트랙안의 지역(필드), **Inspector** 경기진행감찰원, **Interfere** 경기 중에 생기는 선수 간의 불법방해 행위(실격), **Interval** 허들 사이나 한 걸음의 거리(간격), **Interval Training** 짧은 거리를 계속해서 반복하는 중장거리 달리기의 연습법, **Isolator** 집단에서 이탈돼 고립상태에서 달리는 선수

(J) **Javelin** 창, **Javelin Draw** 창던지기, **Javelin Shaft** 창의 손잡이 부문, **Jog** 천천히 뛰는 것, **Jogging** 몸을 편안하게 하고 천천히 달리는 일, **Jump the gun** 총소리보다 앞서 출발하다, 일을 성급하게 해 버리다(**commit a false start** 부정출발을 하다), **Jumping Finish** 최후의 한 걸음으로 결승선을 향하여 뛰어 들어 결승선을 돌파하는 방법, **Jury** of Appeal 상소 심판원

(K) **Keep up the pace** 달리는 속도를 유지하다, 일하는 속도를 올리다(**pick up the pace**), **Kick Up** 달릴 때 땅을 디딘 다리를 뒤로 쳐 올리는 동작

(L) **Landing** 착지, **Lap** 트랙을 한 바퀴 도는 일, **Lap Time** 트랙을 한 바퀴 도는 데 걸리는 시간, **Last Spurt** 마지막 전력 질주, **Leaving the Lane** 레인 이탈, **Long Stride** 보폭을 넓게 해서 달리는 주법, **Long Jump** 멀리뛰기, **Long Distance Races** 장거리 경주, **Long Distance Runners** 장거리 선수들, **Loop Course** 경보경기에 사용되는 루프형태 코스, **Limber Up** 사전예비운동/워밍업

(M) **Marshal** 통제요원, **Mark** 도약경기의 도움닫기 설치표적, **Measuring Rod** 높이 계측자, **Measuring Tape** 멀리뛰기와 세단뛰기 등의 계측자, **Medley Relay Race** 각자 달리는 거리가 다른 릴레이

(N) **National Record** 국가별 최고기록, **NM(No Mark)** 기록 없음, 필드경기에 참가는 했지만 첫 시기에서 모두 파울인 경우

(O) **Official Game** 공식경기, **Official Record** 공인기록, **Official Rule** 공인규칙, **Official Surveyor** 공식 계측관, **Olympic Record** 올림픽 기록, **Olympic Relay** 1600m를 1주자가 200m, 2주자가 400m, 3주자가 800m, 4주자가 200m로 나누어서 이어달리는 경기, **Omit** 규칙위반 등으로 경기에서 제외되는 것, **On your Mark** 출발 때 '제자리에'를 알리는 말, **On the final stretch** 마지막 직선코스에, 하고 있는 일을 거의 끝마친 상태로(**On the home stretch**), **Open Course** 각 주자의 코스가 구획되어 있지 않은 주자(중장거리 경기), **Order** 릴레이 경기의 각 주자가 달리는 순서, **Out Course** 아웃코스, **Over Zone** 릴레이 경기 때 바톤터치가 **Take-over Zone**을 넘어 이루어짐(실격)

(P) **Pace** 일정한 거리 및 구간을 일정한 시간으로 달리도록 훈련하는 것, **Pacesetter** 맨 앞에 달리는 주자(**pacemaker**), **Pass** 작전상으로 체력을 고려해 경기를 포기, **Pass the baton** 배턴을 넘기다, **Peg** 높이뛰기 경기에서 바를 걸기 위한 장치, **Pentathlon** 근대 5종 경기(마술, 펜싱, 사격, 수영, 크로스 컨트리), **a person caught cheating** 부정행위를 하다가 걸린 사람, **Personal Best** 개인 최고기록, **Photo Finish Camera** 사진판정(판독)용 카메라, **Planting Box** 장대높이뛰기에서 장대를 찔러 넣는 상자, **Pick Up** 단거리 경주에서 다리를 빨리 움직이는 동작, **Pit** 도약경기 등에서 착지하는 모래장, **Pitch** 질주 시 뛰는 걸음의 횟수, **Pocket** 경기 중에 안쪽에서 달려 바깥쪽 선수들에게 둘러싸여 반칙의 저촉은 받지 않으나, 자기 뜻대로 전진하지 못하는 형태, **Pole** 장대높이뛰기 경기에 사용하는 장대, **Pole Vault** 장대높이뛰기, **Prescribed Time** 정해진 시간, **Pull Up** 장대높이뛰기 폴에 따라서 몸을 끌어 올리는 것, **Push** 장대높이뛰기에서

장대를 밀어내는 것, **Putting the Shot** 포환던지기

(Q) **Qualified** 각 종목별 예선, 준준결승, 준결승 기록에 순위에 들어왔다는 것을 의미

(R) **Race Walk** 경보(Race Walking), **Rake** 멀리뛰기와 세단뛰기에서 모래를 고르는 기구, **Record Holder** 기록을 보유하는 사람, **Referee** 심판장, **Refreshment Station** 마라톤경기 곳곳에 위치한 음료공급소, **Relay** 계주, **Repetition Training** 중간에 휴식시간을 갖고 같은 거리를 반복하는 연습법, **Reverse** 포환던지기, 창던지기, 원반던지기 투척동작 후 몸이 서클 밖으로 나가지 않도록 상체를 반대 방향으로 쏠리게 하는 동작, **Roll Over Jump** 높이뛰기와 장대높이뛰기를 할 때 몸을 평행하게 누우며 옆으로 돌면서 뛰는 동작, **Rolling Closure System** 마라톤 선수들이 지나기 바로 전에 잠시 거리가 통제되고 마지막 선수가 통과한 후 통제가 풀리도록 하는 것, **Run out of one's lane** 자기 레인을 벗어난다, **Run Up** 도움닫기를 위한 달리기, **Run Way** 도약경기에서 도움닫기를 하는 길, **Runners** 육상 트랙 경기 주자들

(S) **Safe** 기술이 정확히 구사되어 요건이 완비됨, **Safe Jump** 도약경기, **Safe Put** 투척경기, **Safe Take-Over** 릴레이, **Scissors Jump** 멀리뛰기에서 가위뛰기, **Season Best** 올해 개인최고기록, **Sector Line** 각도 표시라인, **Sector Flag** 각도 표시기, **Separate Course** 흰 선으로 구획된 코스/코스를 벗어나 달리면 실격, **Set a pace** 페이스를 정해 놓다, **Shot Put** 포환던지기, **Shot Putter** 투포환 선수, **Shower Station** 경보나 마라톤 경기 때 선수들의 몸에 물을 적시기 위한 간이 샤워시설, **Snap** 장대높이뛰기나 던지기경기에서 기구가 손에서 떨어져 나갈 때 손가락을 이용하여 힘을 더해 주는 동작/던지기(투척) 경기에서 손목을 이용하는 것, **Sponging Point** 마라톤 경기 때 물에 젖은 스폰지 제공 장소, **Sprinter** 단거리 선수, **Spurt** 전력질주, **Stagger** 곡선주로에서 출발할 때 안쪽 코스와의 핸디캡을 없애기 위한 출발지점 조정, **Standard** 높이뛰기와 장대높이뛰기에 쓰이는 기둥, **Standing Start** 서서 출발하는 방법, **Standing Broad Jump** 제자리멀리뛰기, **Standing High Jump** 제자리높이뛰기, **Starter** 출발신호원, **Start Dash** 출발과 동시에 최고 스피드로 달리는 것, **Starting Block** 스타트를 위한 보조 용구, **Steeple Chase** 장애물 경주, **Stop Board** 포환던지기용 발막음대, **Straddle Jump** 두 다리를 벌려서 점프, **Straight Course** 직선주로, **Stride** 개인의 체격과 몸의 유연성에 따른 보폭, **Supporter** 국부보호대, **Sweden Relay** 4명의 선수가 100m, 200m, 300m, 400m를 이어달리는 달리기, **Swing** 장대높이뛰기에서 폴(pole)에 매달린 몸을 번쩍 들어 올리는 동작/해머던지기 등의 회전동적으로 던질 때까지의 휘두르기, **Synthetic Surface Track** 합성수지트랙

(T) **Take-off** 발구름, **Take Off Board** 멀리뛰기와 세단뛰기의 발 구름판, **Take Over Zone** 배턴터치하는 구간(Baton Zone), **Tartan Track** 합성재인 고무로 만든 트

랙, **Team Race** 단체경기, **the tension begins to build** 긴장감이 고조되는 것, **Tie** 동일한 기록(성적), **Timer** 계시원, **Toe Board** 포환던지기를 할 때의 발막이, **Top Condition** 최고의 기록을 낼 수 있는 체력 기능 상태, **Touch Off** 계주할 때 다음 주자에게 바통을 인계하는 것, **Track and Field Meet** 육상경기대회, **Trainer** 선수들의 신체상태를 좋게 유지하도록 힘쓰는 사람, **Trial** 경기 전에 허용되는 연습, **Trial Hit** 트랙경기의 예선경기, **Trotting** 좁은 걸음으로 달리며 중장거리에서 쓰이는 주법, **Triple Jump** 세단뛰기, **Triple Turn** 해머던지기에서 세 번 회전하고 던지는 일, **Turn** 던지기 경기에서 회전하는 것

(U) **Umpire** 감찰원, **Upright** 높이뛰기나 장대높이뛰기의 바(bar)를 지탱해주는 지주

(V) **Vaulting** 주로 손이나 팔로 뛰는 도약경기

(W) **Wait for the starting gun to sound** 출발 총소리가 울리기를 기다리다, **Warming Up** 본 운동을 잘하기 위한 준비운동, **Western Form** 몸을 옆으로 구르며 뛰는 높이뛰기의 도약법, **World Championship in Athletics** 세계육상선수권대회(국제육상경기연맹 IAAF가 2년마다 개최), **World Record** 세계기록, **World Leading** 올 시즌 세계 랭킹 1위 기록, **Wide Stride** 주폭이 넓고 보기에 장쾌한 주법, **Wind Sprint** 전체 힘의 3/4정도의 속력을 내어 뛰는 방법, **Wind Gauge** 풍향풍속계, **Winning Post** 고울 포스트, **With the naked eye** 육안으로는

● **과제**

　1. 자신이 좋아하는 스포츠 종목 3가지를 이용해 영작하시오.

　2. 관사를 쓰지 않은 단어를 이용해 스포츠에 관해 영작하시오.

　3. 관사를 쓰는 단어를 이용해 스포츠에 관해 영작하시오.

PART
03

형용사 & 부사
| 축구 Soccer

CHAPTER 01 | 형용사 Adjectives

1. 형용사의 기본

① 한정: the **only** car 유일한 차(*강하게 **표현할** 때 한정적 용법), the **sole** reason 유일한 이유, the **very** idea 바로 그 생각, the **upper** class 상류 계층(*최상급, 비교급일 때 한정적 용법), a **drunken** driver 술 취한 운전자(*과거분사일 때 한정적 용법)

② 서술: be **astonished** at 놀라다, be **concerned** about 걱정하다, be **ashamed** of 창피하다, be **tired** of 싫증나다, be **pleased** with 기뻐하다, be **satisfied** with 만족하다

  *동사 PART 04에도 등장

③ 한정/서술에 따라 달라지는 의미
  - **certain**(어떤) + 명사
  - be + **certain**(확실한)
  - **concerned**(걱정하는) + 명사
  - be + **concerned**(관련돼 있다)
  - **late** + 명사(돌아가신)
  - be + **late**(늦은)
  - **present**(현재의) + 명사
  - be + **present**(참석한)

- **A drunken driver** bumped into the team vehicle.
  술 취한 운전자가 팀 차량과 부딪혔어요.

50

• Many people **are concerned about** his injury.
많은 사람들이 그의 부상을 걱정하고 있습니다.

2. 수량, 숫자 형용사

1 수량 형용사

① 셀 수 있는 명사 앞: many(많은), a lot of(많은), lots of(많은), plenty of(많은), a few(약간 있는), few(거의 없는) + 셀 수 있는 명사
② 셀 수 없는 명사 앞: much(많은), a lot of(많은), lots of(많은), plenty of(많은), a little(약간 있는), little(거의 없는) + 셀 수 없는 명사

• How did you make **much** money?
당신은 어떻게 많은 돈을 벌었어요?

• I made **a lot of** money from horse racing betting.
나는 경마 베팅을 통해 많은 돈을 벌었어요.

2 숫자 표현하기

① 단위: 영어에서는 1,000단위의 배수로 쓰임. thousand(1,000 천), million(1,000,000백만), billion(1,000,000,000십억) *thousand(천), ten thousand(만), hundred thousand(십만), million(백만), ten million(천만), hundred million(억), billion(십억), ten billion(백억), hundred billion(천억), trillion(조)
② 분수: 1/5 = a fifth = one fifth, 14/20 = fourteen over twenty

③ 수식 읽기
- 3+5=8: Three and(plus) five is(equals/makes) eight.
- 6-2=4: Six minus two is(equals/makes) four.
- 4×3=12: Four times three is(equals/makes) twelve.
- 6÷3=2: Six divided by three is(equals/makes) two.

④ 날짜·시간: once 한 번, twice 두 번, once or twice 한두 번, two or three times 두세 번, an hour and a half 1시간 반(=one and a half hours), every two days 격일로(=every other day, every second day), every three days 3일에 한 번(=every third day)

- If you can't control yourself, you shouldn't gamble once in a lifetime.
  당신 스스로 통제를 하지 못한다면, 일생에 한 번이라도 도박을 해서는 안 됩니다.

- It takes an hour and a half to get to the stadium.
  경기장까지 가는 데 1시간 30분이 걸립니다.

- What date is it today? I have to go to the stadium with my girlfriend on Saturday.
  오늘 며칠이죠? 나는 여자 친구와 토요일에 경기장에 가야 해요. (=What is the date today?)

- What day is it today?
  오늘 무슨 요일이죠?

🔍 여기서 잠깐!

● 숫자 표현과 읽기(경기결과)

<zero로 읽는 경우>

- 0, 1, 2, 3 → <u>zero</u>, one, two, three
- 0.0007 → <u>zero</u> point <u>zero zero zero</u> seven
- 0.02% → <u>zero</u> point <u>zero</u> two percent
- water freezes at 0°C → water freezes at <u>zero</u> degrees Celsius
- 32 degrees Fahrenheit equals 0 degrees Celsius. (화씨 32도는 섭씨 0도이다.)

<oh로 읽는 경우>

- 6:04 → six <u>oh</u> four
- 3:28 → three twenty-eight
- 7:15 → seven fifteen
- 전화번호 (470) 796-2026 → four seven <u>oh</u> seven nine six two <u>oh</u> two six
- 주소 My family lives at 4970 Cypress Point Dr. → four nine seven <u>oh</u> Cypress Point Dr.
- 연도 1909 → nineteen <u>oh</u> nine
- 돈 $10.05 → ten <u>oh</u> five/ ten dollar and five cents

<연도>

- the 1900s → <u>the nineteen hundreds</u> 1900년대
- the 80s → <u>the 1980s</u> 1980년대
- the 2000s → <u>the two thousands</u> 2000년대(the twenty hundreds라고 안 함)
- the 2100s → <u>the twenty-one hundreds</u>
- 1998 = <u>nineteen ninety-eight</u>(one thousand nine hundred ninety eight이라고 안 함)
- 2001 = <u>two thousand one</u>/two thousand and one(twenty oh one이라고 안 함)
- 2010 = <u>twenty ten</u>/two thousand ten/two thousand and ten

<돈>

- $1.00 = a dollar/one dollar
- $5.24 = five dollar and twenty-four cents/five twenty-four
- Your total comes to $65.97(six-five ninety-seven)

<인구>

- The populations of Canada <u>is</u> over 50,000,000. → <u>fifty million</u>(인구는 단수 취급함)
- The populations of China <u>is</u> over 1,300,000,000. → <u>1.3 billion</u>/ one point three billion

<경기결과 숫자>

- Who won the soccer game last night? (어젯밤 축구 경기 누가 이겼어요?)
- South Korea won to Japan 2-0(two nothing) and qualifies for FIFA World Cup. (한국이 일본한테 2대 0으로 이기고 월드컵 출전 자격을 얻었어요. **qualify** 자격이 있다)

- The score was 4-3. → <u>four three</u> 스코어는 4:3이었어요.
- The baseball game was tied 6-6. → <u>six all</u> 야구 경기는 6대 6으로 비겼어.
- The tennis score was 15-0(fifteen love)/30-0(thirty love)/40-0(forty love)

축구	스포츠 지도

3. 다양한 표현

▌1 명사 + 형용사의 관용적 표현

a court martial 군법회의, consul general 총영사, consulate general 총영사관, China proper 중국 본토, everyone present 참석한 전원, English teaching proper 진정한 영어 교육, 12 a.m 새벽 12시, 12 p.m. 정오, 3 p.m. sharp 정각 오후 3시(15 o'clock란 표현은 안 씀), the sum total 총계, things Korean 한국적인 것, things European 유럽적인 것, things American 미국적인 것

* Many people think that **things Korean** is better than **things American**.
  많은 사람들이 한국적인 것이 미국적인 것보다 낫다고 생각합니다.

* **Everyone present** to watch the match is interested in sports.
  경기를 보기 위해 참석한 모든 사람들은 스포츠에 관심이 있습니다.

▌2 현재분사와 과거분사의 표현 [분사 PART 09에도 등장]

a missing child 실종 아이, a missing document 사라진 서류,
an interesting book 재미있는 책, a limited budge 한정된 예산,
a missed call 부재 중 전화, a certified sports instructor 공인 스포츠지도사

* I have been looking for **a missing document** all day.
  하루 종일 누락된 문서를 찾고 있습니다.

* Many students related to sports majors are trying to be **certified sports instructors**.
  스포츠 전공과 관련된 많은 학생들이 공인 스포츠 강사가 되기 위해 노력하고 있습니다.

3 형용사의 의미 차이

broken/broke 부서진/파산한, comparable/comparative 비슷한/비교의, considerable/considerate 상당한/사려 깊은, economic/economical 경제의/경제적인, good/well 좋은/건강한, ill/sick 아픈/아픈, low/lowly 낮은/저질의, respectable/respectful/respective 존경할 만한/정중한/각각의, short/shortly 짧은/곧(부사), sensible/sensitive/sensual 분별 있는/민감한/관능적인

- Global warming is also intertwined with **economic** and social problems.
  지구 온난화는 경제적, 사회적 문제와도 얽혀 있습니다. (*be intertwined with ~와 뒤얽히다)

- Retired players are more **respectable** than anyone else.
  은퇴한 선수는 그 누구보다 존경할 만한 사람입니다.

축구화	축구응원

CHAPTER 02 | 부사 Adverbs

1. 부사의 기능

- The soccer player can **run fast**.
  그 축구 선수는 빨리 달립니다. (*동사 + 부사)

- We **finally decided** to recruit the player.
  우리는 결국 그 선수를 영입하기로 결정했습니다. (*부사 + 동사)

- His demonstration of Taekwondo Poomsae is **very impressive**.
  그의 태권도 품새 시연은 매우 인상적입니다. (*부사 + 형용사)

- Sports are **very closely** related to culture.
  스포츠는 문화와 매우 긴밀하게 연관돼 있습니다. (*부사 + 부사)

- He has **always dreamed** of becoming a famous athlete.
  그는 유명한 선수가 되기를 꿈꾸어 왔다. (*부사 + 분사)

- **Fortunately**, we won the game and advanced to the final.
  다행히 우리는 그 경기에 이겨서 결승에 진출하게 됐다. (*문장 수식 = It is
  fortunate that we ~)

actually 사실, basically 기본적으로, conceivably 생각할 수 있을 정도로,
fortunately 다행스럽게, hopefully 희망적으로, interestingly 흥미롭게,
luckily 운 좋게, naturally 자연스럽게, obviously 분명히, understandably
당연하게도, unfortunately 불행하게도, surprisingly 놀랍게도, wisely 현명
하게도

2. 빈도부사

① (순서) be + 빈도부사

　　　조동사 + 빈도부사

　　　빈도부사 + 일반동사

never 절대로/hardly ever, scarcely ever 거의 절대로/rarely, seldom 드물게/occasionally 때때로/sometimes 가끔/often, frequently 자주/usually, normally, regularly 주로/nearly, always, almost always 거의 항상/always 항상

② 문장 앞 혹은 뒤에 올 수 있는 부사구: every day 매일, every week 매주, every month 매달

③ 문장 뒤에만 오는 부사구: habitually 습관적으로, normally 보통으로, regularly 규칙적으로

- My family **often** goes to watch Jeonbuk-Hyundai soccer games.
  내 가족은 전북현대 축구 경기를 보러 자주 갑니다.

- I **can sometimes** go to the stadium with my boyfriend on weekends.
  나는 주말을 이용해 내 남자친구와 가끔 경기장에 갈 수 있어요.

- She **is almost always** on the campus of the university every morning.
  그녀는 거의 항상 아침마다 대학교 캠퍼스 내에서 있습니다.

- I jog in a park **every day**.
  나는 매일 공원에서 조깅을 합니다.

여기서 잠깐!

- **to가 필요 없는 부사**

  go + **abroad** 해외, go to abroad로 쓰지 않음, **downstairs/upstairs** 아래층으로/윗층으로, **downtown** 시내로, **home** 집으로, **indoors/outdoors** 실내로/야외로, **inside/outside** 안으로/밖으로, **overseas** 해외로, **there** 거기로

  - I am trying to <u>go abroad</u> to see the famous stadiums every summer vacation.
    여름방학 때마다 유명한 경기장을 보러 해외로 나가려고 합니다.
  - He is confused about whether to <u>go indoors or outdoors</u> in the big stadium.
    그는 큰 경기장에서 실내로 갈지 실외로 갈지 헷갈려 합니다.

  (***be confused about** 혼선을 겪다)

3. 다양한 표현

1 중요한 부사

① 시간
- again 다시, already 이미, still 여전히, yet 아직
- ago 지금부터 ~전에, 과거시제에 많이 쓰임, before ~전에/그때부터 ~전에, 과거완료시제에 많이 쓰임, since 그때부터 지금까지, 현재완료에 많이 쓰임 [시제 PART 06에도 등장]
② 주의해야 할 부사
- very(매우) + 형용사
- very + 부사
- 동사 + much(매우)
- much + 동사
- too(너무) + 형용사
- too + 부사
- 형용사 + enough(충분히)/부사 + enough

- The opening ceremony of the Olympics is **too long**.
  올림픽 개막식이 너무 길어요.

- The team cloth design of the World Cup is **cool enough**.
  월드컵의 단체복 디자인은 충분히 멋집니다.

2 부사의 순서

① 부사의 순서는 <방법 혹은 과정 + 공간 + 시간>임
② <거리 + 방향 + 위치>의 순서임
③ <기간/빈도 + 시간> 순서임
④ 시간과 공간의 <작은 개념 + 큰 개념> 순서임

- The biggest sporting event will be **held** successfully **in LA in 2028**.
  가장 큰 스포츠 행사는 2028년 LA에서 성공적으로 개최될 것입니다.

- The athlete took **a few steps toward the athletic equipment in a large area**.
  그 선수는 넓은 구역에 있는 운동 장비를 향해 몇 걸음을 걸었습니다.

- They went hiking **twice last month**.
  그들은 지난달 두 번 하이킹을 했습니다.

- He was born at about **6 p.m. on Monday, October 12, 2015**.
  그는 2015년 10월 12일, 월요일, 오후 6시경에 태어났습니다.

- My family is living in a single house **in Suwanee in Gwinnett County, Georgia, U.S.A.**
  내 가족은 미국 조지아주 귀넷 카운티의 스와니에 살고 있습니다.

3 부사의 의미 차이

close/closely 가까운/면밀히, deep/deeply 깊은/몹시, free/freely 서슴치 않고/자유롭게, hard/hardly 열심히/거의~않다, high/highly 높게/매우, late/lately 늦게/최근에(=recently), near/nearly 가까이/거의~할 뻔하다(=almost), short/shortly 짧게/곧

- The coach has a **deep** philosophy for every game.
  코치는 매 경기마다 깊은 철학을 가지고 있습니다.

- The player was very **deeply** disappointed in himself because he was not playing well.
  그 선수는 경기를 잘 하지 못해서 자신에게 매우 큰 실망을 했습니다.

세리모니

관객

CHAPTER
03 | 축구 Soccer

A: Did you watch the soccer game last night? Tottenham Hotspur FC won a come-from-behind victory.

B: Yeah! It was an amazing come-from-behind win!

A: 어제 밤에 축구 경기 봤어요? 토트넘이 역전승을 했어요.

B: 네! 굉장한 역전승이었죠! (*come-from-behind 역전의)

A: Is it the first half or the second half?

B: The second half/overtime has just begun.

A: 지금 전반전이에요 혹은 후반전이에요?

B: 지금 막 후반전/연장전이 시작됐어요.

A: How was the results?

B: The Korean team finally won a match after three-game losing streak.

Korean team won in overtime.

A: 경기 결과는 어떻게 됐어요?

B: 한국팀이 3연패 끝에 드디어 승리했어요. (*a losing streak 연패, a winning streak 연승)

한국팀이 연장전 끝에 이겼어요.

A: What's the score?

B: It was a neck-and-neck game. Anyway, we won by two to one.

A: Didn't we draw in the last game?

B: Yes, the game was tied one to one.

A: 몇 대 몇으로 이겼어요?

B: 막상막하였어요. 어쨌든 우리가 2:1로 이겼어요. (*neck-and-neck 막상막하로, 대등하게)

A: 지난번 경기에서는 무승부를 기록하지 않았나요? (*draw = tie 승부를 가리지 못하다)

B: 네, 1:1로 비겼어요. (*one to nothing 1:0)

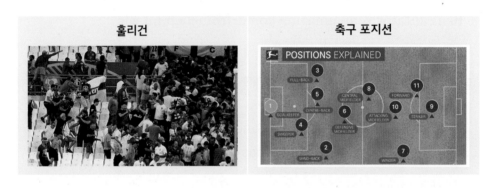

| 훌리건 | 축구 포지션 |

● **축구 표현**

(A) **Abandoned Match** 기상악화 천재지변 등의 이유로 중단된 경기, **Advantage Rule** 어드밴티지 룰, **Added Time** 추가시간, **After Extra Time** 연장전 후, **Aggregate Score** 홈경기와 원정경기를 포함한 합산점수, **Appearance** 본선진출, **Appearances** 출장/출장경기 수, **Average Points** 평균승점, **Assistant Coach** 수석코치, **Assistant Referee** 부심, **Average** 평균, **Away Draw** 원정 무승부, **Away Loss** 원정경기 패배, **Away Win** 원정경기 승리, **Assist** 어시스트

(B) **Back Heel** 발뒤꿈치로 공을 차는 킥, **Back Pass** 백패스, **Ball Carrier** 볼을 가지고 있는 공격측 선수, **Ball Possession** 볼 점유율, **Bending the Ball** 감아 차기, **Best Men's Coach** 최우수 남자코치, **Best Men's Player** 최우수 남자선수, **Best Women's Coach** 최우수 여자코치, **Best Women's Player** 최우수 여자선수, **Beach Soccer** 비치 축구, **Bicycle Kick** 오버 헤드 킥, **Blocked** 슈팅 막기, **Box-to-Box Mid-fielder** 공격형 중앙 전천 후 미드필더

(C) **Captain** 주장, **Center Attack Mid-fielder** 중앙 공격형 미드필더, **Center Defender** 중앙 수비수, **Center Forward** 중앙 공격수, **Center Mid-fielder** 중앙 미드필더, **Center Spot** 센터 서클의 중심점, **Coach of the Month** 이달의 최우수 코치, **Clean Sheets** 무실점 경기, **Counter Attack** 역습, **Cross Bar** 크로스 바, **Cross Pass** 크로스 패스, **Club of the Century** 최우수 클럽, **Corner Flag** 코너에 있는 깃발, **Corner Kick** 코너 킥

(D) **Dead Ball** 데드볼/경기가 잠시 중단된 상태의 공/경기장 밖으로 나간 공, **Defensive Midfielder** 수비형 미드필더, **Defender** 수비수, **Defense** 수비, **Draw** 무승부, **Direct Free Kick** 직접 프리킥, **Discipline** 규율, **Dive** 넘어지다(헐리웃 액션), **Dummy Run** 더미 런/공 없이 뛰어 상대 선수들을 속이는 동작

(E) **Ejections** 퇴장, **End tied at zero** 0대 0으로 끝나다, **Extra Time** 연장전

(F) **Failed to Score** 득점 실패, **Fan Award** 올해의 팬, **Far Post** 파 포스트, **Fifty-Fifty Ball** 부정확한 패스, **Flip a Coin** 공격을 먼저 할지 진영을 먼저 선택할지 정하는 동전 던지기를 하다(the coin toss), **Football Club** 축구 클럽, **Football Coach** 축구 코치, **Forward** 공격수, **Foul Committed** 파울 횟수, **Fouls Suffered** 파울 당한 횟수, **Free Kick** 프리킥, **Friendly** 친선, **Full-Back** 측면 수비수, **Full Time** 경기 종료

(G) **Games Played** 경기 수, **Game Winning Assist** 결승골 어시스트, **Game Winning**

Goal 결승골(승부를 짓는 골), Goals 득점(=Goals Attempted, Goals For), Goals are rare 골이 나오지 않는다, Goals Against 실점(=Goals Allowed), Goals Allowed Average 평균 실점, Goals Area 골라인 안쪽 지역, Goal Keeper 골 키퍼, Goals Tender 골키퍼, Goals Kick 골킥, Goals Line 골라인, Goals-Line Technology 골라인 테크놀로지(판독기술), Goals Mouth 골문, Goals Post 골 포스트, Goals Scorer 득점을 많이 하는 선수

(H) Home and Away 홈 & 어웨이(원정), Half Back 중앙 수비수, Hand Ball 핸드볼 반칙, Holding Mid-Fielder 홀딩 미드필더(중앙 수비수 앞에서 뛰는 선수), Half Time 하프 타임, Hat-Trick 해트트릭(한 선수가 한 경기에서 3골 넣은 것), Head-to-Head 정면 승부, Header 헤딩슛, 헤딩패스, Head the Ball 헤딩슛 혹은 패스를 하다

(I) In-swinger 골대 안쪽으로 휘어지는 킥

(K) Kickoff 킥오프(경기 개시), Kick the ball off 공을 중앙에 놓고 두 팀 중 하나가 공을 차서 시작하다

(L) League 리그, Left-Back 왼쪽 수비수, Left Mid-fielder 측면 미드필더, Left Wing 윙어, Lines Man 선심, Lost 패배

(M) Make a Substitution 선수교체를 하다, Man-to-Man Marking 대인방어, Matches Played 출전 경기 수, Middle Fiedler 미드필더, Minutes 출전 시간, Missed Penalty Kick 페널티킥 실축횟수

(N) Near Post 니어 포스트(공을 가진 공격자로부터 가까운 쪽에 있는 골포스트), National Team 국가 대표팀

(O) Offside 오프사이드, Offside Trap 오프사이드 트랩(함정 수비), One-Touch Pass 원터치 패스(논스톱 패스), Out of Bounds 공이 선 밖으로 나간, 부적절한 행동으로 선을 넘은, Out Swinger 골대 반대쪽으로 휘어지는 골, Overtime Losses 연장 패, Overtime Wins 연장 승, Overtime Minutes 연장전 출전시간, Own Goal 자책골 (suicide goal/score an own goal 자책골을 넣다)

(P) Pass 패스, Penalties Allowed 페널티킥 실점, Penalty Kick 페널티킥, Penalty Kick Attempts 페널티킥 실점, Penalty Kick Goal 페널티킥 골, Penalty Kick Save Percentage 전체 페널티킥 상황 중 선방 확률, Penalty Kick Faced 페널티킥 상황, Penalty Kick Saves 페널티킥 선방 횟수, Penalties Scored 페널티킥 득점, Penalty Shootout 승부차기, Penalty Spot 페널티킥 위치, Play away from home 원정경기를 하다, Play Off 결승진출 전, Player of the Century 한 세기에 나올까 말까 한 선수, Player of the Match 경기 최우수 선수, Player of the Month 이달의 최우수 선수, Playmaker 스스로 골을 넣거나 다른 선수의 골을 넣도록 패스해서 플레이

를 만드는 사람, **Pitch** 축구경기장 필드, **Points** 승점, **Professional** 프로선수

(Q) **Quarter-Final** 준준결승

(R) **Ranking** 순위, **Red Card** 레드카드(퇴장), **Result** 경기결과, **Right-Back** 우측 수비수, **Right Wing Back** 오른쪽 윙백

(S) **Save Average** 평균 선방횟수, **Save Percentage** 유효슈팅 중에 선방을 한 확률, **Save Ratio** 선방 비율, **Saves** 선방숫자, **Score Board** 득점판, **Score Line** 최종 점수, **Scissor Kick** 시저스 킥, **Second Striker** 세컨드 스트라이커, **Shirt Sponsor** 유니폼 스폰서, **Shoot** 슛, **Side Line** 사이드라인, **Sliding Tackle** 슬라이딩 태클, **Semi-Final** 준결승, **Shots** 슈팅 수, **Shots on Goal** 유효 슈팅 수, **Shots on Goal Percentage** 전체 슈팅 중 유효 슈팅 수의 퍼센트, **Shots on Target** 유효슈팅 수, **Steals** 가로채기, **Striker** 공격수, **Substitute** 교체선수/교체하다, **Substitution** 교체 명단, **Sweeper** 스위퍼

(T) **Tackle** 태클, **Tactical** 작전상/전략적인, **Team Doctor** 팀 주치의, **Team Name** 팀명, **Transfer Fee** 이적료, **Transfer Window** 이적 등록기간, **Throw In** 스로인, **Through Pass** 스루패스, **Top Scorer** 최고 득점 선수, **Touch Line** 터치라인, **Timeout** 타임아웃, **It's a game of two halves** 이것은 전·후반 경기다, 끝까지 방심하면 안 된다

(V) **Video Assistant Referees** 비디오 판독 시스템(VAR), **Vanishing Foam** 프리킥 지점에 뿌리는 스프레이(=Vanishing Spray)

(W) **Wall** 수비벽, **Wall-Pass** 월패스(패스한 사람에게 바로 되돌려 공을 차는 패스), **Won** 승리, **World Cup** 월드컵, **World Cup All-Time Team** 월드컵 역사상 최고의 팀, **World Cup Dream Team** 월드컵 드림팀, **Wide Player** 포지션에 구애받지 않고 폭넓게 뛰는 선수, **Wing Forward** 윙 포워드

(Y) **Yellow Card** 엘로우카드(경고)

(Z) **Zone Defense** 지역방어

● **과제**
  1. 형용사를 사용하여 좋아하는 운동에 대해 영작하시오.
  2. 부사를 사용하여 좋아하는 운동에 대해 영작하시오.

PART

04

동사 & 수동태
| 야구 Baseball

CHAPTER 01 | 동사 Verbs

1. 1형식

1 〈주어+동사〉만으로도 스스로 완전한 1형식

- The winner team arrived.
  우승팀이 도착했습니다.

- The soccer team trains.
  축구팀은 훈련을 합니다.

2 스스로 완전한 문장을 이루는 동사

appear 나타나다, arrive 도착하다, come 오다, disappear 사라지다, fail 실패하다, go 가다, graduate 졸업하다, happen 발생하다, live 살다, occur 발생하다, proceed 나아가다, progress 전진하다, rise 오르다

- After he **graduated** from high school, he joined a professional baseball team.
  그는 고등학교를 졸업한 후, 프로야구팀에 입단했습니다.

- The team **failed** to win three games in a row.
  그 팀은 3연승에 실패했습니다. (* in a row 잇달아, 계속해서)

2. 2형식

1 불완전하므로 보어를 붙이는 2형식 〈주어+동사+명사/형용사〉

주어=보어(동사 뒤의 명사/형용사)가 같음

- The audience **remained** silent, surprised by the player's serious injury.
  관중들은 선수의 큰 부상에 놀라 침묵을 유지했습니다.
- The winner **is** determined this season.
  이번 시즌 우승자가 결정됩니다.

2 〈~이다〉, 〈~로 되다〉, 변화와 감각을 나타내는 동사

① be ~이다, feel 느끼다, keep 계속~이다, lie ~한 상태로 누워있다 혹은 놓여 있다, remain 여전히~하다, stay 계속~한 상태이다, stand ~한 상태로 서 있다 + <u>명사 또는 형용사</u>

② become ~로 되다, come 되다, grow ~하게 되다, prove 드러나다, run ~한 상태로 계속 진행되다 + <u>명사 또는 형용사</u>

③ get ~하게 하다, go ~하게 되다, grow 점점~하게 되다, fall ~하게 되어 버리다, turn ~로 변하다 + 형용사(*~하게로 번역된다고 해서 부사를 쓰면 안 됨)

④ appear ~처럼 보이다, feel 느낌이~하다, look 모습이~하다, seem ~처럼 보이다, sound 말투가~하다, taste 맛이~하다 + <u>형용사</u>(*~하게로 번역된다고 해서 부사를 쓰면 안 됨)

- We should **keep** healthy.
  우리는 건강을 유지해야 합니다. (*healthy = **in shape**)

- Inflation has been **running** high after COVID-19, and sports equipment prices also rose.
  코로나-19 이후 인플레이션이 고공행진을 하고 있고, 스포츠 용품 가격도 올랐습니다.

- The athlete **looks happy**.
  그 선수는 행복하게 보입니다. (*happily로 쓰면 틀림)

3. 3형식

1 〈주어+동사+목적어〉로 완성되는 3형식

주어≠목적어(동사 뒤의 명사/형용사)가 같지 않음

- I like players who do their best in every game.
  나는 매 경기마다 최선을 다하는 선수를 좋아합니다. (*I ≠ players)

- Our team plays golf on the last week of every month.
  우리팀은 매월 마지막째 주에 골프를 칩니다. (*our team ≠ golf)

2 뒤에 전치사를 쓰면 안 되는 동사

address 연설하다, answer ~에 대답하다, approach ~로 다가가다, attend ~출석하다, discuss ~을 토론하다, enter ~에 들어가다, mention 언급하다, marry ~와 결혼하다, reach ~에 도착하다, resemble ~와 닮다, survive ~에서 살아남다

- The player will **address** the sensitive issue of the club's tyranny.
  그 선수는 구단의 횡포에 대한 민감한 이슈를 말할 것입니다. (*address about은 틀림)

- The team manager immediately **answered** the reporter's question.
  구단 감독은 기자의 질문에 즉시 대답했습니다. (*answer to는 틀림)

- A bunch of hooligans **approached** us.
  훌리건 무리들이 우리에게 다가왔어요. (*approach at은 틀림)

- The player and I **attended** a meeting for salary negotiations.
  선수와 나는 연봉 협상을 위한 미팅에 출석했습니다. (*attend to는 틀림)

(틀린 표현) discuss about, enter into, mention about, marry with, reach at, resemble with, survive from

---

연봉 협상	야구 관객

4. 4형식

1 〈주어+동사+목적어+목적어〉로 목적어가 2개가 있는 4형식

<주어+동사+명사(간접목적어)+명사(직접목적어)>의 문장으로 '명사≠명사는 같지 않음

- The headquarter of FIFA **gave** a winning team the trophy.
  FIFA 본부는 우승팀에게 그 트로피를 주었습니다. (*a winning team ≠ the trophy)
- She **gave** me the uniform she wore for the game as soon as it was over.
  그녀는 경기에 입었던 유니폼을 경기가 끝나자마자 나에게 주었습니다.

2 4형식에서 3형식으로 전환할 때 쓰는 전치사와 동사

① 3형식으로 전환할 때 <u>to</u>를 씀: **bring** 가져오다, **give** 주다, **lend** 빌려주다, **offer** 제공하다, **sell** 팔다, **send** 보내다, **show** 보여주다, **tell** 말하다
② 3형식으로 전환할 때 <u>for</u>를 씀: **buy** 사다, **cook** 요리하다, **find** 발견하다, **get** 갖다, **make** 만들다
③ 3형식으로 전환할 때 <u>of</u>를 씀: **ask** 묻다

- One team **sold** another team the best player for $1,000,000.
  하나의 팀은 또 다른 팀에게 최고의 선수를 100만 불에 팔았습니다.
  = One team <u>sold</u> the best player to another team for $1,000,000.
- A agent has **found** the athlete a club to join.
  에이전트는 그 선수가 입단할 구단을 찾았어요.
  = A agent has <u>found</u> a club to join <u>for</u> the athlete.
- May I **ask** you a question?
  제가 질문을 드려도 될까요?
  = May I <u>ask</u> a question <u>of</u> you?

여기서 잠깐!

- **두 개의 직접목적어를 갖게 되어 자리를 못 바꾸는 동사**
  cost 비용이 들다, **save** 절약하다
  - A ticket for the stadium will <u>cost</u> you $500.
    경기장 입장 티켓은 당신에게 500불의 비용이 들게 할 것입니다.
  - That will <u>save</u> you time and money by watching the sport game on TV.
    TV로 스포츠 경기를 시청함으로써 당신에게 시간과 돈을 절약할 수 있을 것입니다.

- **수여동사로 착각하기 쉬운 동사**
  admit 인정하다, **announce** 발표하다, **explain** 설명하다, **indicate** 보여주다, **introduce** 소개하다, **suggest** 제안하다 + 직접목적어 + **to** + 간접목적어
  - The agent <u>suggested</u> a reasonable salary level to the club.
    그 에이전트는 합리적인 연봉 수준을 구단에 제안했어요. (*~ suggested the club a reasonable salary level는 안 됨)

5. 5형식

1 〈주어+동사+목적어+보어〉로 모두 필요한 5형식

<주어+동사+목적어+보어(명사 또는 형용사)>의 문장으로 '목적어=보어'는 같음
① 보어에 **명사**가 오는 동사: appoint 임명하다, call 부르다, consider 생각하다, declare 선언하다, elect 선출하다, make 만들다
② 보어에 **형용사**가 오는 동사: deem 여기다, drive 몰아가다, get 사다, find 발견하다, keep 유지하다, make 시키다

- The team owner **appointed** him coach.
  구단주는 그를 코치로 임명했습니다. (*him = coach)

- My professor **drives** me start a new project.
  교수님께서 새로운 프로젝트를 시작하게 만드십니다. (*me = start)

2 보어 자리에 동사원형, to 동사원형이 오는 동사

① 보어 자리에 **동사원형**이 오는 동사: feel 느끼다, have ~하게 하다. ~하도록 요청하다, hear 듣다, let 허용하다, make ~하게 하다. ~하도록 강요하다, watch 주의 깊게 보다
② 보어 자리에 **to 동사원형**이 오는 동사: ask 요구하다, allow 허용하다, enable 할 수 있게 하다, encourage 권장하다, force 강요하다, get ~하게 하다. ~하게 설득하다, persuade 설득하다, urge 촉구하다, want 원하다
③ 보어 자리에 **동사원형** 혹은 **to 동사원형** 둘 다 올 수 있는 명사: help 돕다

- She **made** her boyfriend clean his stadium chair.
  그녀는 남자친구에게 경기장 의자를 청소하게 했어요.
  = She <u>forced</u> her boyfriend <u>to</u> clean his stadium chair.

- The baseball player **makes** me happy.
  그 야구선수는 나를 행복하게 만듭니다.

- I **had** my trainer bring a towel.
  나는 트레이너에게 수건을 가져오라고 했어요.
  = I <u>asked</u> my trainer <u>to</u> bring a towel.
- I **had** my favorite player autograph for me.
  나는 내가 가장 좋아하는 선수의 사인을 받았습니다.

- The players **got** the coach **to** take a rest.
  선수들은 코치를 쉬게 했어요.
  = The players <u>persuaded</u> the coach <u>to</u> take a rest.
- Jane **got** her friends **to** play badminton with her after school.
  제인은 방과 후에 친구들에게 그녀와 배드민턴을 치도록 했습니다.

- I **had** my cycle gear repaired (by someone).
  나는 자전거 기어를 수리했어요. (누군가에 의해)

- I **got** my cycle gear repaired (by someone).
  나는 자전거 기어를 수리 받았어요. (누군가에 의해)

- The new manager **helped** improve the team's atmosphere.
  새로 부임한 감독은 팀 분위기를 향상시키는 데 도움을 주었습니다.
  (=~ helped to improve~)

여기서 잠깐!

● **부정사에서 〈동사 + 목적어 + 동사원형〉 형태** [부정사 PART 09에도 등장]

　① 지각동사: see 보다, hear 듣다, feel 느끼다 + <u>목적어</u> + <u>동사원형</u>

　② 사역동사: have 시키다, make 만들다, let 하게 하다 + <u>목적어</u> + <u>동사원형</u>

　• I <u>saw</u> the sports star <u>come up</u> to me.
　　나는 그 스포츠 스타가 나에게 다가오는 것을 보았어요.

　• The training program <u>makes</u> me <u>encourage</u>.
　　그 훈련 프로그램은 나를 용기 있게 합니다.

야구 시구	우승

CHAPTER

02 | 수동태 Passive

여기서 잠깐!

● **능동과 수동** [시제 PART 06에도 등장]

* We <u>hold</u> sports event. Sports event <u>is held</u>.
  우린 스포츠 행사를 개최합니다. 스포츠 경기가 열립니다.

* We <u>held</u> sports event. Sports event <u>was held</u>.
  우린 스포츠 행사를 개최했습니다. 스포츠 경기가 열렸습니다.

* We <u>are holding</u> sports event. Sports event <u>is being held</u>.
  우린 스포츠 행사를 개최하고 있습니다. 스포츠 경기가 열리고 있습니다.

* We <u>were holing</u> sports event. Sports event <u>was being held</u>.
  우린 스포츠 행사를 개최하고 있었습니다. 스포츠 경기가 열리고 있었습니다.

* We <u>have held</u> sports event. Sports event <u>has been held</u>.
  우린 스포츠 행사를 개최했습니다. 스포츠 경기가 열렸습니다. → (의미)
  우린 스포츠 행사를 과거 어느 시점부터 지금까지 개최했습니다. 스포츠
  행사가 과거 어느 시점부터 지금까지 열렸습니다.

1. 수동태 불가 1, 2형식

1형식과 2형식 문장은 수동태를 만들 수 없음

— 🙶 —

1 1형식에 자주 나오는 동사

appear 나타나다, arrive 도착하다, come 오다, disappear 사라지다, fail 실패하다, go 가다, graduate 졸업하다, happen 발생하다, live 살다, occur 발생하다, rise 오르다

- Stadium ticket prices **rose** due to inflation.
  인플레이션으로 경기장 티켓 가격이 올랐습니다.
- Although it was pouring rain, she just **arrived** at the stadium.
  비록 비가 쏟아지고 있었지만, 그녀는 방금 경기장에 도착했습니다.

2 2형식에 자주 나오는 동사

be ~이다, become ~로 되다, feel 느끼다, come 되다, grow ~하게 되다, keep 계속 있다, remain 여전히~하다, prove 드러나다, run 되다

- She **was** from a reserve player to a starting player.
  그녀는 예비선수에서 선발선수가 됐습니다.
- I **am** an agent for athletes.
  나는 운동선수 에이전트입니다.
- The coach is not retired and still **remains** the batting coach.
  그 코치는 은퇴하지 않고 아직도 타격코치로 남아 있어요.

2. 수동태 가능 3, 4, 5형식

3형식, 4형식, 5형식 문장은 수동태를 만들 수 있음

1 **3형식 문장의 수동태**

<주어+동사+목적어>는 목적어가 주어가 되고, 뒤에 by+목적격을 씀

- Many fans **respects** the sports star.
  많은 팬들은 그 스포츠 스타를 존경합니다.
    = The sports star <u>was respected</u> by many fans.

- She **wrote** a diet book.
  그녀는 다이어트 책을 썼어요.
    = A diet book <u>was written by</u> her.

2 **4형식 문장의 수동태**

<주어+동사+간접목적어+직접목적어>에서 간접목적어와 직접목적어 모두 주어로 쓸 수 있음
① to가 쓰이는 동사: give 주다, sell 팔다, send 보내다, teach 가르치다, read 읽다, write 쓰다
② for가 쓰이는 동사: buy 사다, get 갖다, make 만들다

- The player **gave** me a T-shirt with which he signed autographs.
  그 선수는 저에게 사인이 들어간 티셔츠를 주었습니다.
    = I <u>was given</u> a T-shirt with which he signed autographs by the player.
    = A T-shirt with which he signed autographs <u>was given to</u> me by the player.

- I **bought** him a famous athlete figure.
  나는 그에게 유명한 운동선수 피규어를 사줬어요.

  = He <u>was bought</u> a famous athlete figure by me.

  = A famous athlete figure <u>was bought for</u> him by me.

3 5형식 문장의 수동태

① <주어+동사+목적어+보어>를 수동태로 만들면 동사 뒤의 보어는 그대로 남음
② 지각동사인 make(만들다), hear(듣다), see(보다)는 <지각동사+목적어+동사원형>의 수동태 구문에서 <u>to</u>가 살아남

- We **elected** him head of the club.
  우리는 그를 구단의 단장으로 뽑았습니다.

  = He <u>was elected</u> head of the club <u>by</u> us.

- I **heard** his winning a competition.
  나는 그의 대회 우승소식을 들었습니다.

  = He <u>was heard to</u> winning a competition.

야구장 이벤트	야구선수와 심판

3. 다양한 형태

1 전치사 by를 쓰지 않는 경우 [형용사 PART 03에도 등장]

① at를 쓰는 경우: be astonished(alarmed, amazed, startled, surprised) at 놀라다, be disappointed at 실망하다, be located(situated) at 위치하다(좁은 장소)

② about를 쓰는 경우: be concerned(troubled, worried) about(걱정하다)

③ for를 쓰는 경우: be bound for ~로 향하다, be known(noted) for ~로 유명하다, be suited for 적합하다

④ in을 쓰는 경우: be absorbed in 몰두하다, be engaged in 종사하다, be indulged(involved) in 관련이 있다, be interested in 관심이 있다, be located(situated) in 위치하다(넓은 장소)

⑤ of를 쓰는 경우: be ashamed of 창피하다, be convinced of 확신하다, be composed of 구성되다, be made of 만들어지다(물리적 변화)/from을 쓰면 화학적 변화, be tired of 싫증나다

⑥ to를 쓰는 경우: be accustomed to 익숙하다, be attributed to ~탓으로 돌려지다, be bound to ~하게 되어 있다, be committed(dedicated, devoted, determined) to 헌신하다, be known(exposed) to 알려지다, be married to 결혼하다, be opposed to 반대하다, be related to ~와 관계가 있다

⑦ with를 쓰는 경우: be associated(concerned) with 관련되다, be contented(delighted, pleased) with 기뻐하다, be confronted with 갖추다, be covered with 덮여있다, be crowded with 붐비다, be equipped with 갖추다, be faced with 직면하다, be filled with 채우다, be involved with ~와 관계하다, be pleased with 기뻐하다, be satisfied with 만족하다

- I **am** actually **tired of** exercising at the gym every day.
  저는 사실 매일 체육관에서 운동하는 것에 지쳤습니다.

- The most injuries of athletes **are associated with** performance.
  선수들의 가장 큰 부상은 경기력과 관련이 있습니다.

여기서 잠깐!

- 부정사에서 〈명사/형용사 + to 동사원형〉 형태 [부정사 PART 09에도 등장]
  ① 명사 : ability to ~할 능력, authority to ~할 권리, chance to ~할 기회, attempt to ~하려는 시도, effort to ~하려는 시도, need to ~할 필요, opportunity to ~할 기회, right to ~할 권리
  ② 형용사 : be able to 할 수 있다, be anxious to 열망하다, be apt/liable to 하기 쉽다, be bound/certain/sure to 확실히~하다, be eager to 갈망하다, be happy to 행복하다, be intended to 의도되다, be likely to 할 것 같다, be ready to 준비가 되다, be pleased to 기쁘다, be reluctant to 꺼리다, be scheduled to 하기로 되어 있다, be willing to 기꺼이~하다

2 〈~ing〉, 〈~ed〉 형태의 동사 [형용사 PART 03에도 등장]

bore 지루하게 하다, confuse 혼란하게 하다, depress 우울하게 하다, embarrass 당황하게 하다, excite 흥분시키다, fascinate 매혹하다, frighten 겁먹게 하다, interest 흥미를 보이다, shock 충격을 주다, surprise 놀라게 하다

- The basketball game **bores** him.
  그 농구경기는 그를 지루하게 합니다.

- The basketball game is **boring**.
  그 농구경기는 지루합니다.

- A basketball **is** a **bored** game.

  농구는 지루한 경기입니다.

- I watched the game of lethargic players. They **confused** me.

  나는 무기력한 경기를 보았어요. 그들은 나를 혼란스럽게 했습니다.

- They played a **confusing** game.

  그들은 혼란스러운 경기를 했어요.

- I **was confused** while watching the game.

  나는 경기를 보는 동안 혼란스러웠습니다.

- I heard that our team lost. The bad news **depressed** me.

  나는 우리 팀이 졌다고 들었어요. 그 나쁜 소식은 나를 우울하게 했습니다.

- The news made me feel sad. The news was **depressing**.

  그 소식은 나를 슬프게 했어요. 그 소식은 우울했습니다.

- I am very sad. In other words, I **am depressed**.

  나는 매우 슬퍼요. 다시 말해 나는 우울합니다.

- I spilled my drink on the table while watching the volleyball game. This **embarrassed** me.

  나는 배구 경기를 보다가 테이블에 음료를 쏟았어요. 이것은 나를 당황하게 했습니다.

- That was an **embarrassing** experience.

  그것은 난처한 경험이었습니다.

- I **was** very **embarrassed** when I spilled my drink.

  나는 음료를 쏟았을 때 매우 당황했습니다.

- She is going to see a soccer game. The game **excites** her.

  그녀는 축구 경기를 보러 갈 것입니다. 그 게임은 그녀를 흥분시킵니다.

- She think it is going to be an **exciting** game.
그녀는 그것이 흥미로운 경기가 될 것이라고 생각합니다.

- She **is excited about** seeing a soccer game.
그녀는 축구 경기를 보는 것에 흥분했습니다.

- He likes to watch baseball game on TV. The game **fascinates** him.
그는 TV로 야구 경기를 보는 것을 좋아합니다. 그 게임은 그를 매료시킵니다.

- Baseball is a **fascinating** game.
야구는 매혹적인 경기입니다.

- He **is fascinated by** baseball game.
그는 야구 경기에 매료되었습니다.

- The loud noise of spectators **frightened** us.
관중들의 시끄러운 소리가 우리를 겁먹게 했습니다.

- It was a **frightening** sound.
그것은 무서운 소리였어요.

- The **frightened** we went out the stadium.
겁먹은 우리는 경기장 밖으로 나갔습니다.

- The experience of sports event **interests** me.
스포츠 이벤트 경험은 나를 흥미롭게 합니다.

- The experience of sports event **is interesting to** me.
스포츠 이벤트 경험은 나에게 흥미롭게 합니다.

- I **am interested in** the experience of sports event.
나는 스포츠 이벤트 경험에 관심이 있습니다.

- The defeat of the game **shocked** everyone.
그 경기의 패배는 모두에게 충격을 주었습니다.

- It was a **shocking** game.
  그것은 충격적인 경기였어요.

- The **shocked** everyone soon replaced the coach of the team.
  충격을 받은 모든 사람들이 곧 그 팀의 코치를 교체했습니다.

- A winning story in the newspaper **surprised** us.
  신문의 승리 기사는 우리를 놀라게 했어요.

- It was very **surprising** story to us.
  그것은 우리에게 매우 놀라운 이야기였습니다.

- We **was** very **surprised** when we read it.
  우리는 그것을 읽었을 때 매우 놀랐습니다.

3 get + 형용사 또는 과거분사

- **get cold** 추워지다. 감기 걸리다(catch a cold)
  - In winter, the weather **gets cold**. I am sorry I couldn't play baseball outdoors. 겨울에는 날씨가 추워져요. 나는 밖에서 야구를 하지 못해 안타까워요.
- **get hot** 더워지다. 뜨거워지다
  - In summer, the weather **gets hot**. She goes swimming everyday.
    여름에는 날씨가 더워지죠. 그녀는 매일 수영하러 갑니다.

- **get full** 배가 부르다
  - I am **getting full.** So I will do aerobic for at least two hours in the afternoon.
    나는 배가 불러요. 그래서 나는 오후에 최소한 2시간 동안 유산소 운동을 할 것입니다.

- **get hungry** 배가 고프다
  - I always **get hungry** before ten because I don't eat breakfast. I'll fix this habit for my health.

나는 아침을 먹지 않기 때문에 항상 10시 전에 배가 고파요. 나는 건강을 위해 이 습관을 고칠 것입니다.

• **get thirsty** 목이 마르다

　- She always **gets thirsty** after she eats salty food. Her fitness trainer advised her to switch to bland food for her health.
　그녀는 짠 음식을 먹고 나면 항상 목이 마릅니다. 그녀의 피트니스 트레이너는 그녀에게 건강을 위해 싱거운 음식으로 바꾸라고 조언했어요.

• **get sleepy** 졸리다

　- When Mike **got sleepy**, her mother gave him a pillow. She is aware of the fact that he exercised violently.
　마이크가 졸리자 그녀의 어머니는 그에게 베개를 주셨어요. 그녀는 그가 격렬하게 운동했다는 사실을 알고 있습니다.

• **get busy** 바빠지다

　- We are **getting busy**. I don't think we can go to the baseball game we like.
　우리는 바빠지고 있어요. 우리가 좋아하는 야구 경기를 못 갈 것 같아요.

• **get dirty** 더러워지다

　- Tom always **gets dirty** because he plays soccer everyday.
　톰은 매일 축구를 하기 때문에 항상 더러워집니다.

• **get well** 병이 나아지다. 몸을 회복하다

　- If you're sick, stay home and take care of yourself. Yon won't **get well** if you don't take care of yourself.
　당신은 아프면 집에 머물면서 몸조심하세요. 몸조심하지 않으면 회복되지 않을 거예요.

• **get rich** 부자가 되다

　- Don't waste your money horse racing. Yon won't **get rich** that way.
　경마에 돈을 낭비하지 마세요. 그렇게 하면 당신은 부자가 될 수 없어요.

- **get angry** 화가 나다
  - Let's keep quiet so that the player can concentrate on his serve. I would **get angry** if I were a player.

    선수가 서브에 집중할 수 있도록 조용히 합시다. 내가 선수였다면 화가 났을 거예요.

- **get dizzy** 머리가 핑 돌다
  - When she turned around in a circle, she **got dizzy**.

    그녀가 원을 그리며 돌아섰을 때 그녀는 어지러워했죠.

- **get sick** 아프게 되다
  - I guess I'm **getting sick** after I worked out at the gym.

    내가 체육관에서 운동을 한 후에 몸이 아픈 것 같아요.

- **get dark** 어두워지다
  - In the winter, the sun sets early. It **gets dark** outside by six, so I can't go running.

    겨울에는 해가 일찍 집니다. 6시까지 밖이 어두워져서 나는 뛰러 갈 수 없어요.

- **get tired** 피곤해지다
  - Let's stop work out for a while. I'm **getting tired**.

    운동은 당분간 그만합시다. 나는 피곤해지고 있네요.

- **get dressed** 옷을 입다
  - Hurry up and **get dressed**. The big game just started.

    서둘러서 옷을 입어요. 큰 경기가 막 시작됐습니다.

- **get hurt** 다치다
  - The players ran into each hard. Did anyone **get hurt**?

    선수들은 서로 세게 부딪쳤습니다. 다친 사람은 없었나요?

- **get drunk** 취하다
  - The players **got drunk** to celebrate their victory.

    선수들은 승리를 축하하기 위해 술에 취했습니다.

- **get married** 결혼하다
  - Paul and Jane are athletes. They are going to **get married** soon.
    폴과 제인은 운동선수입니다. 그들은 곧 결혼할 거예요.

- **get sunburned** 햇볕에 타다
  - If you exercise outdoors for too long, you will **get sunburned**.
    만약 당신이 야외에서 너무 오랫동안 운동을 한다면, 햇볕에 그을릴 것입니다.

- **get worried** 걱정하다
  - He's been exercising too much these days. So we're **getting worried**.
    그는 요즘 운동을 너무 많이 합니다. 그래서 우리는 걱정하고 있어요.

- **get excited** 신이 나다
  - Did you **get excited** when your team won the game?
    당신의 팀이 경기에 이겼을 때 흥분했나요?

- **get lost** 길을 잃다
  - We had to get to the stadium quickly, but we **got lost**.
    우리는 경기장에 빨리 가야 했지만 길을 잃었어요.

- **get crowded** 몰리다
  - The soccer match between Korea and Japan **gets crowded**.
    한국과 일본의 축구 경기는 붐빕니다.

- **get dried** 마르다
  - I exercised a lot yesterday. The laundry didn't **get dried** yet.
    나는 어제 운동을 많이 했어요. 빨래가 아직 마르지 않았습니다.

- **get killed** 죽게 되다
  - The boxers even sometimes **get killed**.
    그 권투선수들은 심지어 때때로 죽게 됩니다.

4 be used to + 명사 또는 ~ing

be(get) used/be(get) accustomed to + 명사 또는 ~ing (~에 익숙하다)

- I'm used to the noise because I have lived near a baseball stadium for 3 years.
  나는 야구장 근처에 3년 동안 살기 때문에 소음에 익숙합니다.

- I have lived near a baseball stadium, so I'm used to seeing a lot of people now.
  나는 야구장 근처에 삽니다. 그래서 지금은 많은 사람들을 보는 것에 익숙해요.

- I am not used to driving in Seoul.
  나는 서울에서 운전하는 것에 익숙하지 않습니다.

- She was born and raised in Seoul, so she isn't used to living in a small country.
  그녀는 서울에서 태어나서 자랐어요. 그래서 그녀는 작은 도시에 사는 것에 익숙하지 않습니다.

- It would be nice to get accustomed to eating bland because of your health.
  당신의 건강 때문에 싱겁게 먹는 것에 익숙해지면 좋을 것 같아요.

여기서 잠깐!

- **be used to 명사 또는 ~ing & use to 동사원형**
  ① be used to 명사 또는 ~ing(~에 익숙하다)
  ② used to 동사원형(~한 적이 있다)
    - I <u>used to</u> go there every Sunday because there is always a cycling event.
    항상 사이클 이벤트가 있어서 나는 매주 일요일에 거기에 가곤 했어요.

5 be supposed to + 동사원형

당연히 해야 하는 일, 해서는 안 되는 일, 예정된 일, 믿음, 생각 등을 언급함(~하기로 되어 있다)

- They **are supposed to** go to the gym on Sundays.
  그들은 일요일마다 체육관에 갑니다.

- This team **is supposed to** win the game.
  이 팀은 그 경기에 이겨야 됩니다.

- The bus is already left, and the traffic is jam. We have to see a big game at the stadium. What **are** we **supposed to** do now?
  버스가 벌써 떠났고 교통은 막힙니다. 우린 경기장에서 빅게임을 봐야 합니다. 이제 어쩌지요?

- She **is supposed to** be a big fan of the athlete.
  그녀는 그 선수의 빅 팬이랍니다.

- The big game will be held. The weather **is supposed to** be cold tomorrow.

  큰 경기가 열릴 거예요. 날씨가 내일 추울 것 같습니다.

- She **was supposed to** call me last night.

  어젯밤에 그녀가 나에게 연락하기로 했어요. → 연락하기로 했는데 안했다

  (=She was going to call me last night.)

CHAPTER 03 | 야구 Baseball

A: Who do you think of as a designated hitter today?

B: Well, it will be the bottom of the ninth soon. Is it a meaningful strategy?

A: 오늘은 누구를 지명타자로 생각하십니까?

B: 글쎄요, 곧 9회말이 될 것입니다. 의미 있는 전략인가요?

A: Have you watched the movie 'Moneyball'?

B: Yes, I have. Without relying on the decision of the old scooters, the criteria for selecting very important players related to on-base percentage were very impressive.

A: That's right. Even if the players are bad boys, the owner who prioritized contributing to the performance is impressive.

B: This movie is always based on a true story.

A: 당신은 '머니볼'이라는 영화를 본 적이 있습니까?

B: 네 봤어요. 오랜 스카우터들의 결정에 의지하지 않고, 출루율과 관련된 매우 중요한 선수 선발 기준이 매우 인상적이었습니다.

A: 맞아요. 비록 선수들이 악동들이어도 성적에 기여하는 것을 우선으로 본 구단주가 인상적이예요. (*prioritize 우선순위를 매기다, 우선적으로 처리하다)

B: 이 영화는 실화를 바탕으로 합니다.

야구장비	야구 포지션

여기서 잠깐!

● **야구 표현**

(A) **Ace** 에이스, **Appearances** 구원출전, **Appeal Play** 판정항의가 가능한 플레이, **Assist** 어시스트, 도움주기, **At Bats** 타수, **At-Bats per Grounded into Double Play** 병살타율, **At-bats per Home Run** 홈런타율, **At-bats per Runs Batted in** 득점율

(B) **Balk** 보크, **Bases on balls** 4구, 볼넷, **Baserunning** 주루 플레이, **Bat Boy** 배트보이, **Batted Ball** 타구, **Batting Average** 타율, **Beanball** 빈볼, **Bench-clearing Brawl** 벤치클리어링, **Blocking the Plate** 블로킹, **Blown Save** 블론세이브, **The Bottom of the Ninth** 9회말, **Bullpen** 불펜, **Bunt** 번트

(C) **Catcher** 포수, **Central Fielder** 중견수, **Ceremonial First Pitch** 시구, **Charging the Mound** 타자가 투수에게 달려가 싸우는 것, **Checked Swing** 타자가 공을 치려고 하다가 스윙을 멈추는 것, **Chin Music** 타자의 얼굴 근처로 던져진 공, **Cleanup Hitter** 4번 타자, **Clutch** 7회까지 3점차 미만의 막상막하 경기, **Clutch Hitter** 승부처에서 안타를 치는 선수/해결사, **Closing Pitcher** 마무리 투수, **Complete Games** 완투, **Complete Game Losses** 완투패, **Contact Hitter** 툭 쳐서 플레이를 빨리 달리는 타자, **Control Pitcher** 컨트롤형 투수, **Corked Bat** 코르크 배트, 타구 비거리 증가시킴

(D) **Designated Hitter** 지명타자(미국 아메리칸리그, 우리나라 채택), **Disabled List** 부상리스트, **Double** 2루타, **Double Play** 병살타, **Double Switch** 수비시 구원투수를 야구위치에 투입하는 대신, 이 선수를 투수위치로 포지션 변경, MLB의 내셔널리그, NPB의 센트럴 리그에서 허용, **Doubleheader** 우천 등으로 순연됐을 때 다음날 하루에 두 경기를 몰아서 치르는 제도, **Be down to one's last out** 마지막까지 간 상황이다/9회말 투아웃 상황이다, **Dugout** 1루 및 3루까지 거리가 같은 길이의 파울라인 밖 선수 대기구역

(E) **Earned Run** 자책점, **Equalizer** 동점포, **Error** 실책

(F) **Fastball** 속구(speed ball), **First Baseman** 1루수, **Fielder's Choice** 야수선택, **Fielder's Indifference** 무관심 도루, **Fireballer** 강속구 투수, **Fly Ball** 뜬공, **Flyball Pitcher** 플라이볼 투수, **Fly Outs** 뜬공 아웃, **Force Play** 타자가 주자가 됨으로써 기존 주자가 기존 루의 점유권을 빼앗겨 앞의 루로 전진해야만 하는 상황

(G) **Game Seven** 최종전, **Get tossed out** 경기장 밖으로 퇴장되다, **Go into extra innings** 연장전으로 가다, **Grand Slam** 만루홈런, **Ground Ball** 땅볼, **Ground Out** 땅볼, **Ground Rule Double** 인정 2루타/바운스되어 펜스를 넘어가는 등의 플레이,

Groundball Pitcher 땅볼 투수

(H) **Hidden Ball Trick** 야수가 공을 숨겨놓고 주자를 태그아웃 시키는 것, **Hit a Homer** 홈런을 치다(**hit a home run**), **Hit and Run** 주자는 도루하고 투수가 그것을 눈치채지 못하여 견제구가 아닌 타자를 향해 정면으로 공을 던지면 타자가 그것을 받아치는 작전, **Hit by Pitch** 몸에 맞는 공, **Hitting for the Cycle** 사이클링히트·안타·2루타·3루 타·홈런을 한 선수가 한 경기 내에 모두 쳐 냈을 때를 말함, **Hitting Streak** 연속안타 기록, **Home Run** 홈런

(I) **In Flight** 비행 중인 공, **Infield Fly Rule** 인필드 플라이 판정, **Infield Hit** 내야 안타, **Infield Shift** 내야 수비 쉬프트, **Innings** 이닝, **Inside Pitching** 몸쪽 투구, **Inside-the-park Home Run** 장내 홈런

(L) **Lead off** 주자가 주루플레이를 위해 베이스에서 크게 벗어남, **Leadoff Hitter** 1번 타 자/이닝 선두타자, **Left Fielder** 좌익수, **Lefty-righty Switch** 승부에 더 유리한 조건 으로 만듦, **Line Drive** 타격한 공이 직선으로 뻗어나가는 타구, **Long Relief Pitcher** 롱맨, 보통 3~5이닝 구원 투수

(M) **Mendoza Line** 2할 기준의 타자 역할, **Middle Relief Pitcher** 미들맨/보통 2~3이닝 구원 투수, **Night Game** 야간 게임, **No-hitter** 노히트 게임

(O) **On-base Percentage** 출루율, **On-deck** 대기타자, **Opposite Field** 반대쪽 외야, **OPS** 장타율과 출루율의 합(**On base percentage Plus Slugging percentage**), **Out** 아웃

(P) **Passed Ball** 패스트볼/포수가 공을 놓쳐 뒤로 빠짐, **Perfect Game** 퍼펙트 게임, **Pickoff** 견제구, **Pinch Hitter** 대타자, **Pinch Runner** 대주자, **Pitch** 투구, **Pitcher** 투 수, **Pitchout** 피치아웃, 도루 저지 등을 이유로 공을 일부러 위 혹은 옆으로 뺌, **Power Pitcher** 파워투수, **Pull Hitter** 당겨치는 타자

(Q) **Quality Start** 선발 투수가 6이닝 이상 마운드를 지키는 동안 상대에게 3점 이하의 자 책점을 허용한 경우

(R) **Rainout** 우천연기 혹은 취소, **Relief Pitcher** 구원 투수, **Right Fiedler** 우익수, **Run** 득점, **Run Batted In** 타점, **Rundown** 협살

(S) **Sacrifice Bunt** 희생번트, **Sacrifice Fly** 희생 플라이, **Safe** 세이프, **Scoring Position** 득점권, **Second Baseman** 2루수, **Seventh-inning Stretch** 7회 말 전 휴 식, **Shot Stop** 유격수, **Shutouts** 완봉승, **Single** 1루타, **Slide** 슬라이딩, **Slugger** 거 포, **Slugging Percentage** 장타율, **Squeeze Play** 스퀴즈 플레이, **Straight ball** 직구, **Starting Pitcher** 선발 투수, **Stolen Base** 도루, **Stolen Base Percentage** 도루 성 공률, **Strikeout** 삼진, **Strike Zone** 스트라이크존, **Striking Out the Side** 한 회에 3

아웃을 삼진으로 기록하는 것, **Suspended Game** 천재지변으로 중단게임, **Sweeping Curve** 스위핑 커브, **Sweep Spot** 배트의 가장 잘 맞는 부분, **Switch Hitter** 스위치 히터

(T) **Tag Out** 태그아웃, **Take one for the team** 팀을 위해 희생하다, 우리식 표현으로 데드볼, **Third Baseman** 3루수, **Throw a curve ball** 커브볼을 던지다, **Tie** 무승부, **Time-out** 타임아웃, **Time is running out** 시간이 거의 다 된다, **Triple** 3루타, **Triple Crown** 타격이나 투구에서 3관왕, **Triple Play** 트리플 플레이

(U) **Unassisted Triple Play** 혼자 힘으로 공격수 3명 연속 아웃시킴, **Uncaught Third Strike** 스트라이크 아웃 낫 아웃, 투수가 두 번 스트라이크를 던진 후, 세 번째 던진 공이 스트라이크로 선언됐지만, 포수가 잡지 못했을 때 타자는 1루로 진루할 수 있음, **Uniform Number** 등번호

(W) **Wall Climb** 벽을 넘어 공을 잡는 것, **WAR** 대체 선수 승리 기여도(**Wins Above Replacement**), **Wild Pitch** 폭투, **WHIP** 이닝당 출루 허용률(**Walks Plus Hits Divided by Innings Pitched**)

(Y) **Year of the Pitcher** 투고타저 현상이 심한 해

● **과제**

1. 4형식과 5형식 문장으로 좋아하는 스포츠 활동에 대해 영작하시오.

2. 3형식 문장의 수동태를 이용해서 좋아하는 운동에 대해 영작하시오.

3. by 대신 다른 전치사가 포함된 수동태를 이용해서 좋아하는 운동에 대해 영작하시오.

PART

05

구동사

| 종목 분류 Competitions Classification

CHAPTER 01 | 구동사 Phrasal Verbs

1. Separable 분리되는 구동사

- **ask out** ~에게 데이트를 신청하다
  - He wants to **ask out** a female player on the team.
    그는 팀 내 여자 선수에게 데이트를 신청하고 싶어 합니다.
    = He wants to <u>ask</u> a female player on the team <u>on a date</u>.
  - I was wondering if I could **ask** you **out**.
    당신에게 데이트를 신청할 수 있을지 궁금합니다.

- **blow out** (불꽃이 바람 등에) 꺼지다, 내뿜다, ~를 쉽게 이기다
  - The coach **blew out** the candle on the celebrate of winning.
    코치는 우승 기념으로 촛불을 껐습니다.
  - He **blew** the candles **out**.
    그는 촛불을 껐어요.

- **bring back** 다시 가져오다. 회상하다
  - The player **brought back** to me his T-shirt that he signed autographs for.
    그 선수는 사인을 해준 티셔츠를 나에게 가져다 주었습니다.
  - She is going to **bring** my books **back** to me.
    그녀는 나에게 책을 가져다 줄 것이에요.

- **bring up** 부양하다, 말을 꺼내다
  - The sports star was **brought up** in Korea.
    그 스포츠 스타는 한국에서 자랐어요.

  - He **brought** the news **up** in conversation.
    그는 대화에서 그 소식을 꺼냈습니다.

- **call back** 전화로 다시 연락하다, 기억을 되살리다
  - The scene of winning **calls back** our memories of good seasons.
    우승하는 장면은 좋은 시즌에 대한 우리의 기억을 상기시켜 줍니다.

  - I'll **call** her **back** tomorrow.
    나는 내일 그녀에게 연락을 다시 할 것이에요.

- **call off** 취소하다
  - We **called off** the match watching due to bad weather.
    우리는 악천후로 인해 경기 관람을 취소했습니다.

  - Would you **call** it **off** because we can't move due to bad traffic?
    교통 체증이 심해서 움직일 수 없으니 취소해 주시겠습니까?

- **call up** 전화하다, 기억을 불러일으키다
  - The song for the team **calls up** our memories of the 2022 World Cup.
    팀을 위한 노래는 2022년 월드컵에 대한 우리의 기억을 상기시킵니다.

  - I'll **call** it **up** to my friend in Atlanta.
    나는 애틀랜타에 있는 친구에게 전화하겠습니다.

- **cheer up** 기운을 내다, 행복하게 하다
  - Don't worry too much, and **cheer up**.
    너무 걱정하지 마시고 힘내세요.

  - The good news of winning **cheered** us **up**.
    우승이라는 기쁜 소식에 우리는 힘이 났습니다.

- **clean up** 청소하다
  - We **cleaned up** the street after cheering up the national team's game.
    우리는 국가대표팀 경기를 응원한 후에 거리를 청소했습니다.
  - After dinner, she helped me **clean** it **up** in the kitchen.
    저녁 식사 후, 그녀는 부엌에서 그것을 치우는 것을 도왔습니다.

- **cross out** 지우다, 선을 긋다
  - I **crossed out** the misspelled line.
    나는 철자가 틀린 단어를 지웠습니다.
  - She wants to **cross** it **out** at the part about the wrong answers.
    그녀는 틀린 답에 관한 부분에서 그것을 지우고 싶어합니다.

- **give away** 기부하다
  - He **gave away** the expensive ticket to a big match to charity.
    그는 그 비싼 표를 자선 단체에 기부했습니다.
  - I didn't sell my old baseball gloves that the famous player signed autographs for. I **gave** it **away**.
    나는 그 유명한 선수가 사인한 오래된 야구 글러브는 팔지 않았어요. 나는 그것을 기부했습니다.

- **give back** 돌려주다
  - I am going to **give back** the laptop that was borrowed from her.
    나는 그녀에게서 빌린 노트북을 돌려줄 것입니다.
  - He borrowed my soccer shoes, then he **gave** them **back** after laundry.
    그는 내 축구화를 빌렸고, 세탁 후에 그것들을 돌려주었어요.

- **hang up** 고리, 옷걸이 등에 걸다, 전화를 끊다
  - I always **hang up** my baseball cap that I like after entering my home.
    저는 항상 집에 들어와서 마음에 드는 야구모자를 걸어놓습니다.

- You called me yesterday, so don't **hang** it **up**.
  어제 전화 주셨으니 끊지 마세요.

• **help out** 도와주다
  - When I bought unique sports goods, he **helped out**, which I needed all the time.
    내가 독특한 스포츠 상품을 구입할 때, 그는 내가 항상 필요한 도움을 주었어요.

  - I can't select fashionable sports shoes. Could you **help** me **out**?
    제가 유행하는 운동화를 잘 못 고르는데 좀 도와주시겠어요?

• **fill in** 채우다, 문서를 기입하다
  - We **filled in** the blanks in grammar exercises.
    우리는 문법 연습에서 빈칸을 채웠습니다.

• **fill out** 채우다, 문서를 작성하다
  - Please **fill out** the form for a job application.
    입사 지원서 양식을 작성해 주시기 바랍니다.

• **fill up** 가득 채우다
  - We **filled up** the gas tank because we should watch the big match at the stadium, which is located a long distance away.
    먼 거리에 위치한 경기장에서 빅매치를 봐야 하기 때문에 가스 탱크를 채웠습니다.

• **find out** 알아내다, 찾아내다
  - I **found out** where he lives.
    나는 그가 어디에 사는지 알아냈어요.

• **figure out** 문제를 풀다/ 해답을 찾다 (=find)
  - I always **figure out** the answer.
    나는 해답을 항상 찾아요.

- The player tried to get over his slump, but he couldn't **figure** it **out**.
그 선수는 슬럼프를 극복하려고 노력했지만, 이유를 찾지 못했어요.
(*get over 극복하다. = recover, overcome)
= The player tried to overcome his slump, but he couldn't find a reason.

- **hand in** 제출하다 (=submit)
  - An athlete on the women's volleyball team will **hand in** a transfer confirmation to her agent.
  여자 배구팀의 한 선수가 에이전트에게 이적 확인서를 제출할 예정입니다.

- **hand out** 나누어 주다, 배포하다
  - The coach **handed out** the results of the drug doping test.
  코치가 약물 도핑 테스트 결과를 나누어 주었어요.
  - Would you please **hand** them **out** for us?
  우리를 위해 그것들을 나눠 주시겠습니까?

- **have on** 착용하다 (=put on, wear)
  - The women's team **has** a blue uniform **on**.
  여자팀은 파란색 유니폼을 입고 있습니다.

- **lay off** 해고하다
  - The sport company **laid off** 100 workers.
  그 스포츠 회사는 100명의 노동자를 해고했습니다.

- **leave on** 전등이나 기계를 끄지 않는다
  - Please **leave** the light **on**.
  불을 끄지 마세요.

- **look over** 주의 깊게 검사하다
  - **Look over** your paper for errors before you hand it in.
  서류를 제출하기 전에 오류를 확인하세요.

- **look up** 정보를 찾아보다
  - I **looked up** a world record for 100 meter races on the internet.
    인터넷에서 100미터 경주 세계 기록을 찾아봤습니다.
  - She **looked** a word **up** in the dictionary.
    그녀는 사전에서 단어를 찾아 보았습니다.

- **make up** 이야기를 지어내다
  - Children like to **make up** stories.
    어린이들은 이야기를 지어내는 것을 좋아해요.

- **pay back** 갚다, 상환하다
  - Can you **pay back** the money you owe me?
    나한테 빚진 돈을 갚을 수 있나요?
  - Thanks for the loan. I'll **pay** you **back** soon.
    대출해 주셔서 감사합니다. 곧 갚겠습니다.

- **pick up** 사람을 데리러 가다, 물건을 들어 올리다
  - Kris **picked up** his friends who were going to watch the game at the airport.
    크리스는 공항에서 경기를 보러 갈 친구들을 데리러 갔습니다.
  - I have to **pick** it **up** from the ground because there is no one here.
    여기 사람이 없어서 땅에서 집어야 합니다.

- **point out** 지적하다
  - The teacher **pointed out** a misspelling.
    선생님이 오타를 지적했어요.

- **print out** 출력하다
  - I finished registering the entry ticket and **printed** it **out**.
    입장권 등록을 완료하고 출력했습니다.

- **put away** 제자리에 갖다 놓다
  - Our team **put away** the bats and gloves after training.
    우리팀은 훈련 후에 야구배트와 글러브를 제자리에 갖다 놓았습니다.

- **put back** 제자리로 돌려주다
  - I **put** my application forms **back** into my briefcase.
    지원서를 서류 가방에 다시 넣었습니다.

- **put down** 내려놓다
  - I **put down** the heavy packages, including various sports goods.
    다양한 스포츠 용품을 포함한 무거운 패키지를 내려놓았습니다.

- **put out** 불이나 담배를 끄다
  - I **put out** the campfire before we left.
    나는 우리가 떠나기 전에 캠프파이어 불을 껐다.

- **put off** 연기하다, 미루다
  - We **put off** our trip to the stadiums until next fall.
    저희는 경기장 여행을 내년 가을로 미뤘습니다.

- **put on** 입다(↔ take off)
  - I always **put on** my cap that was painted with the team symbol before I leave the stadiums.
    나는 경기장을 떠나기 전에 항상 팀 상징이 그려진 모자를 씁니다.

- **shut off** 차단하다, 끄다(=turn off)
  - I **shut off** my printer before I left the office.
    퇴근하기 전에 프린터를 껐습니다.

- **take back** 반품하다, 반납하다
  - She **took** a book **back** to the library.
    그녀는 도서관에 책을 반납했어요.

- **take out** 데리고 나가 대접하다, 데리고 가다, 가지고 가다
  - I **took** my parents **out** to a fancy restaurant after watching the match.
    경기를 보고 부모님을 모시고 고급 레스토랑에 갔습니다.

- **take off** 벗다(↔ put on)
  - I **took off** my coat before I arrived.
    나는 도착하기 전에 코트를 벗었어요.

- **talk over** 이야기를 나누다, 토론하다(= discuss)
  - We **talked** the problem **over**.
    우리는 그 문제에 대해 토론했다.

- **tear down** 건물을 파괴하다, 허물다
  - The city hall made a decision to **tear down** the old stadium, and a new stadium will be built.
    시청이 옛 경기장을 허물기로 결정했고, 새 경기장이 들어설 예정입니다.

- **tear out (of)** 찢어내다
  - I **tore** a page **out** of magazine.
    나는 잡지에서 한 페이지를 찢어냈어요.

- **tear up** 갈기갈기 찢다
  - They tore up the secret note with clues.
    그들은 단서가 담긴 비밀 노트를 찢었습니다.

- **think over** 고려하다, 심사숙고하다
  - I **thought** the problem **over**.
    나는 그 문제를 심사숙고했다.

- **throw away** 버리다(= throw out)
  - If our team loses, I'll **throw away** the notebook that was designed by the team.
    만약 우리 팀이 지면 팀이 디자인한 공책을 버리겠습니다.

- **try on** 입어보다
  - I **tried on** several pairs of shoes.
    여러 켤레의 신발을 신어 보았습니다.

  - Why don't you **try** it **on**?
    한번 입어보는 게 어때요?

- **turn around** 방향을 바꾸다(= turn back)
  - After a mile, we **turn around** to participating in the sports programs.
    1마일이 지나면 우리는 스포츠 프로그램에 참여하기 위해 돌아옵니다.

- **turn over** 뒤집히다, 몸을 뒤집다
  - I **turned** the paper **over** and wrote on the back.
    나는 종이를 뒤집어 뒷면에 썼습니다.

- **turn down** 볼륨을 줄이다, 거절하다(reject)
  - This is too loud in a gym. Someone asked to **turn down** the volume of music.
    체육관에서는 너무 시끄럽습니다. 누군가 음악 소리를 줄여달라고 했습니다.

  - If I don't like it, I'll **turn** it **down**.
    마음에 안 들면 거절하겠습니다.

- **turn up** 볼륨을 높이다
  - AI can **turn up** the radio automatically.
    AI는 라디오를 자동으로 켤 수 있습니다.

- **turn on** 전등이나 기계를 켜다(↔ turn off)
  - I **turned on** the lights so I could read.
    나는 전등을 켜서 읽을 수 있어요.

- **wake up** 깨어나다, 정신이 들게 하다
  - My wife **woke** me **up** at 7 o'clock.
    내 아내가 나를 7시에 깨웠다.

- **work out** 운동하다, 해결하다
  - I **work out** at a gym every day.
    나는 매일 체육관에서 운동을 합니다.

- **write down** 적어놓다, 기록하다
  - I heard that he **wrote down** the schedules of match as soon as possible.
    최대한 빨리 경기 일정을 적어주셨다고 들었습니다.

단거리 달리기	마라톤

2. Nonseparable 분리되지 않는 구동사

- **call on** 요청하다, 촉구하다
  - The team owner **called on** the coach, and they had to find out a new player.
    구단주가 감독에게 촉구했고, 그들은 새로운 선수를 찾아야 했습니다.

- **come from** 출신이다
  - Where do they **come from**? They must be big sluggers this season.
    그들은 어디서 출신이죠? 그들은 이번 시즌에 큰 강타자임에 틀림없습니다.

- **get over** 회복하다, 극복하다
  - She had the flu, but she **got over** it a couple of days ago.
    그녀는 독감에 걸렸지만, 며칠 전에 극복했어요.

- **get on** 버스, 비행기, 기차, 지하철에 타다(↔ get off)
  - The team arrived at the airport to play an away game, and they **got on** the bus.
    원정경기를 하기 위해 공항에 도착한 선수단은 버스에 올랐습니다.

- **get in** 자동차, 택시에 타다(↔ get out of)
  - We **got in** a taxi at the KTX station to watch the big match.
    우리는 빅매치를 보기 위해 KTX역에서 택시를 탔습니다.

- **look into** 조사하다
  - The Chief referee is **looking into** the misjudgement through VAR.
    주심은 VAR을 통해 오심을 들여다보고 있습니다.

- **run into** 갑자기 만나다, 충돌하다
  - I **ran into** the famous athlete I like on the street in Gangnam.
    강남의 거리에서 제가 좋아하는 유명한 운동선수를 만났습니다.

3. Intransitive 목적어가 없는(no object) 구동사

- **break down** 고장나다
  - My car **broke down** on the highway.
    내 자동차가 고속도로에서 고장났어요.

- **break out** 발생하다
  - The Hooligans's fight **broke out** between two teams from different regions.
    훌리건의 싸움은 서로 다른 지역에서 온 두 팀 사이에서 일어났습니다.

- **break up** 관계가 깨지다, 헤어지다
  - They **broke up** because there were several troubles between coach and athlete.
    그들은 감독과 운동선수 사이에 몇 가지 문제가 있었기 때문에 헤어졌습니다.

- **come in** 방, 사무실, 빌딩에 들어가다
  - May I **come in**?
    들어가도 될까요?

- **dress up** 옷을 갖춰입다
  - People usually **dress up** for wedding.
    사람들은 대체로 결혼식장에서 옷을 갖춰 입지요.

- **eat out** 외식하다
  - Would you like to **eat out** tonight?
    당신은 오늘밤에 외식하고 싶으세요?

- **fall down** 넘어지다
  - People might **fall down** when they are on the ice link, which is where athletes train.

사람들은 선수들이 훈련하는 아이스 링크에 있을 때 넘어질 수 있습니다.

- **get up** 침대에서 나오다
  - What time do the players **get up** in the morning?
    선수들은 아침에 몇 시에 일어나나요?

- **give up** 포기하다
  - The player couldn't **give up** because she had been making an effort for a long time.
    그 선수는 오랫동안 노력해 왔기 때문에 포기할 수 없었습니다.

- **go on** 계속하다
  - A sports instructor said, "Let's not stop. Let's **go on**."
    한 스포츠 강사는 "멈추지 말고 계속하자"고 말했습니다.

- **go out** 외출하다
  - Kris **went out** with her girl friend to watch a sports movie last night.
    크리스는 어젯밤 여자친구와 함께 스포츠 영화를 보러 갔습니다.

- **grow up** 성장하다
  - The player who plays in the EPL now **grew up** in Korea until he graduated from high school.
    지금 EPL에서 활약하는 선수는 고등학교 졸업할 때까지 한국에서 성장했다.

- **hang up** 전화를 끊다
  - When we finished talking, I **hung up**.
    우리는 대화가 끝났을 때, 나는 전화를 끊었다.

- **move in (to)** 이사를 들다(↔ move out (of))
  - Some athlete **moves in** next door to me.
    어떤 운동선수가 내 옆으로 이사를 옵니다.

- **show up** 나타나다, 눈에 띄다
  - She **showed up** late for the meeting, so I didn't like to talk with her.
    그녀가 회의에 늦게 나타나서 난 그녀와 이야기하는 것을 좋아하지 않았어요.

- **sit back** 기대어 편안히 앉다
  - **Sit back** and relax. I'll get you a drink.
    편히 앉아 긴장을 푸세요. 음료수를 갖다 드릴게요.

- **sit down** 앉다
  - Would you **sit down** before we starts?
    시작하기 전에 앉으시겠어요?

- **speak up** 크게 말하다
  - The coach asked the players to **speak up** during the game.
    코치는 선수들에게 경기 중에 목소리를 높여달라고 요청했습니다.

- **stand up** 서 있다
  - She **stood up** and walked to the door.
    그녀는 일어서서 문으로 걸어갔다.

- **start over** 다시 시작하다
  - He lost count, so he **started over**.
    그는 카운트를 잃어서 다시 시작했어요.

- **stay up** 안 자다
  - The athlete **stayed up** due to heavy responsibility.
    그 선수는 무거운 책임감으로 잠을 자지 않았다.

- **take off** 이륙하다
  - The plane carrying the national team just **took off**.
    국가대표 선수단을 태운 비행기가 방금 이륙했습니다.

구기종목

수상종목

4. Three-word 세 단어가 가능한 구동사

- **come over (to)** (나에게) 들리다. 방문하다
  - I was very surprised that a famous player **came over to** my office.
    유명한 선수가 제 사무실에 와서 매우 놀랐습니다.

- **come along (with)** 함께 가다
  - Do you want to **come along with** us to see the game between Korea and Japan?
    우리와 함께 한국과 일본의 경기를 보러 가실래요?

- **cut out (of)** 잘라내다. 오려내다
  - I was so happy to hear the good news about winning. So, I **cut** an article **out of** today's paper.
    우승에 대한 좋은 소식을 듣고 너무 기뻤습니다. 그래서 오늘 신문에서 기사 하나를 잘라냈습니다.

- **go over (to)** (남에게) 들리다. 방문하다
  - May I **go over to** the agency contract office for athletes?
    선수 계약 사무소에 가도 될까요?

- **drop in (on)** 잠깐 들리다
  - We **dropped in on** my professor.
  우리는 교수님께 잠깐 들렸어요.

- **drop out (of)** 탈퇴하다
  - Many fans want the famous player to **drop out of** a strange charity foundation.
  많은 팬들은 그 유명한 선수가 이상한 자선 재단에서 그만두기를 원합니다.

- **find out (about)** 알아내다
  - When did you **find out about** the athletes' problem?
  선수들의 문제에 대해 언제 알게 되었나요?

- **get together (with)** 만나다
  - Management should **get together with** the athletic union.
  경영진은 체육노조를 만나야 합니다.

- **go back (to)** 돌아가다
  - I don't want to **go back to** work after finishing the big game.
  큰 경기를 끝내고 다시 회사로 돌아가고 싶지 않습니다.

- **fool around (with)** 장난치다
  - Don't **fool around with** food.
  음식으로 장난치지 마세요.

- **get along (with)** 잘 지내다
  - He **gets along** well **with** his roommate.
  그는 룸메이트와 잘 지내요.

- **get back (from)** 돌아오다
  - When are you supposed to **get back from** the gym after exercising?
  당신은 운동 후에 체육관에서 언제 돌아오기로 되어 있어요?

- **get through (with)** 끝내다. 완수하다
  - I **got through with** my training program before night.
    밤이 되기 전에 훈련 프로그램을 마쳤습니다.

- **grow up (in)** 성장하다
  - Kris **grew up in** Atlanta.
    크리스는 애틀랜타에서 자랐어요.

- **hang around (with)** 빈둥거리다. 어울리다(= hang out with)
  - John likes to **hang around** with his friends at the gym.
    존은 친구들과 체육관에서 어슬렁거리는 것을 좋아합니다.

- **keep away (from)** ~에 멀리하다
  - A good player **keeps away from** drugs.
    좋은 선수는 약물을 멀리합니다.

- **look out (for)** 주의하다(= watch out for)
  - **Look out for** that car!
    저 차를 조심하세요.

- **run out (of)** 다 써버리다
  - We **ran out of** gas before we arrived at the stadium.
    경기장에 도착하기 전에 기름이 다 떨어졌습니다.

- **set out (for)**
  - We **set out for** our destination at dawn. It was a stadium where soccer matches between Vietnam and Japan were held. We liked to support Coach Park Hang-seo.
    새벽에 목적지로 출발했습니다. 베트남과 일본의 축구 경기가 열리는 경기장이었죠. 박항서 감독님을 응원하고 싶었습니다.

- **sign up (for)** 신청하다
  - Did you **sign up for** the party?
    당신은 파티에 신청했나요?

- **sit around (with)** 앉아서 아무것도 안 한다. 놀다
  - You can't just **sit around with** your dog. Do anything if you've seen the opening ceremony.
    당신 애완견과 그냥 앉아 계시면 안 돼요. 개막식 보신 분들은 뭐든지 하세요.

격투기	체조

CHAPTER 02

종목 분류
Competitions Classification

1. 육상종목

A: Who is the fastest runner with the world record in the 100 meters race, and by how many seconds?
B: Usain Bolt with a time of 9.58 seconds.

A: 100미터 경기에서 세계 기록을 가진 가장 빠른 주자는 누구이며, 몇 초입니까?
B: 9.58초 기록을 가진 우사인 볼트입니다.

 여기서 잠깐!

- **육상종목 표현**
  athletics 육상경기, decathlon 10종 경기, discus 원반던지기, hammer throw 해머던지기, heptathlon 7종 경기, high jump 높이뛰기, hurdles 허들경기, javelin throw 창던지기, long jump 멀리뛰기, marathon 마라톤, pole vault 장대높이뛰기, race walking 경보, relay 계주, shot put 투포환, steeplechase 장애물경주, triple jump 삼단뛰기(세단뛰기)

2. 구기종목

A: What are some representative sports for the disabled?
B: There is an item called boccia.

A: 장애인 스포츠의 대표적인 종목은 어떤 것이 있습니까?
B: 보치아라고 하는 종목이 있습니다.

 여기서 잠깐!

- **구기종목 표현**
  baseball 야구, basketball 농구, beach volleyball 비치발리볼, billiards 당구, boccia 보치아, bowling 볼링, cricket 크리켓, dodge ball 피구, football 축구, 미식축구, foot volleyball 족구, futsal 풋살, gate ball 게이트볼, golf 골프, handball 핸드볼, hockey 하키, kickball 발야구, polo 폴로, rugby 럭비, sepaktakraw 세팍타크로, soccer 축구, softball 소프트볼, volleyball 배구

3. 수상종목

A: What kinds of swimming techniques are there?

B: Representatively, there are freestyle and breaststroke, and there are backstroke and butterfly.

A: 수영에 관한 영법에는 어떤 종류가 있습니까?

B: 대표적으로 자유형과 평영이 있고, 그외에 배영, 접영이 있습니다.

 여기서 잠깐!

- **수상종목 표현**
  artistic swimming 싱크로나이즈드 스위밍, backstroke 배영, breaststroke 평영, butterfly 접영, canoe 카누, diving 다이빙, freestyle 자유형, medley 혼영, rowing 조정, surfing 서핑, 파도타기, swimming 수영, water polo 수구, water skiing 수상스키

4. 격투기 종목

A: There are many martial arts in the world. Which martial arts are the most powerful?

B: It depends on how people use their skills.

A: 세상에는 많은 무술이 있어요. 어떤 무술이 가장 강력할까요?

B: 그건 사람마다 기술을 어떻게 쓰느냐에 따라 다르겠죠.

 여기서 잠깐!

- **격투기 종목 표현**
  boxing 복싱, 권투, capoeira 카포에라, jiu-jitsu 주짓주(유술), judo 유도, hapkido 합기도, karate 가라데(공수도), kickboxing 킥복싱, kung fu 쿵푸, muay thai 무에타이, sumo 스모, taekkyeon 택견, taekwondo 태권도, wrestling 레슬링, wu shu 우슈

5. 체조종목

A: I heard that the origin of the gym came from gymnastics.
B: Oh, it is?

A: 체육관의 유래는 체조에서 나왔다고 들었어요.
B: 아, 그래요?

 여기서 잠깐!

● **체조종목 표현**
beam 평균대, aerobics 에어로빅, gymnastics 체조, rhythmic gymnastics 리듬체조, trampoline 트램폴린, floor exercises 마루운동, horizontal bar 철봉, individual all-round 개인종합, parallel bars 평행봉, pommel horse 안마, rings 링, uneven bars 2단 평행봉

6. 동계종목

A: Do you remember there was a serious misjudgment in the figure skating final during the 2014 Sochi Winter Olympics?

B: Yes, I remember Kim Yu-na having a calm interview.

A: 2014 소치동계올림픽 때 피겨 스케이팅 결승전에서 심각한 오심이 있었던 것 기억나세요?

B: 네, 담담하게 인터뷰했던 김연아 선수가 기억나네요.

피겨스케이팅	양궁

 여기서 잠깐!

● **동계종목 표현**
biathlon 바이애슬론, bobsleigh 봅슬레이, cross country skiing 크로스컨트리, curling 컬링, figure skating 피겨스케이팅, ice dancing 아이스댄싱, ice hockey 아이스하키, luge 루지, short track 소트트랙, skeleton 스켈레톤, skiing 스키, ski jumping 스키점프, snowboard 스노보드, speed skating 스피드스케이팅

7. 기타종목

A: Our national badminton player played a close game and eventually won.

B: Yes, it got my hands sweaty yesterday.

A: 우리 배드민턴 국가대표 선수가 막상막하의 경기를 해서 결국 이겼습니다.

B: 네, 어제 손에 땀이 났어요.

 여기서 잠깐!

- **기타종목 표현**
  archery 양궁, arm wrestling 팔씨름, badminton 배드민턴, cycling 사이클, equestrian 승마, fencing 펜싱, jump (skipping) rope 줄넘기, modern pentathlon 근대5종경기, rock climbing 암벽등반, shooting 사격, squash 스쿼시, table tennis 탁구, tennis 테니스, triathlon 트라이애슬론(철인3종경기), tug of war 줄다리기, weightlifting 역도

  - **과제**
    1. 분리되는 구동사를 활용하여 좋아하는 스포츠에 대해 영작하시오.
    2. 목적어가 없는 구동사를 활용하여 좋아하는 운동에 대해 영작하시오.
    3. 세 단어가 가능한 구동사를 활용하여 좋아하는 운동에 대해 영작하시오.

PART
06

시제

| 농구 & 배구 Basketball & Volleyball

CHAPTER 01 | 시제 Verb Tenses

1. 12가지 시제 형태

1 현재형 Simple Present

- What do you **do** everyday?
  당신은 매일 무엇을 하나요?

- I **work out** everyday.
  나는 매일 운동을 합니다.

2 현재진행형 Present Progressive [am/is/are + ~ing]

- What **are** you **doing** right now?
  당신은 지금 무엇을 하고 있나요?

- I **am working out** right now.
  나는 지금 운동을 하고 있습니다.

3 현재완료형 Present Perfect [have/has + p.p.]

- What **have** you **done** since she came back this evening?
  당신은 그녀가 돌아오고 나서부터 무엇을 했나요?
  (*무엇을 하면서 지금 완료했나? 의미로 이해하면 됨)

- I **have worked out** at the gym.
  나는 체육관에서 운동을 했습니다.
  (*운동을 그때부터 지금까지 하면서 완료했다. 의미로 이해하면 됨)

4 현재완료진행형 Present Perfect Progressive [have/has + p.p. + ~ing]

- What **are** you **doing**? How long **have** you **been doing** that?
  당신은 무엇을 하고 있는 중입니까? 얼마나 오랫동안 그것을 하고 있었나요?

- I **have been working out** for three hours.
  나는 세 시간 동안 운동을 하고 있습니다.
  (***운동을 하고 있는 중이다.** 의미로 이해하면 됨)

5 과거형 Simple Past

- What **did** you **do** last night?
  당신은 어제 밤에 무엇을 했습니까?

- I **worked out** last right.
  나는 어제 밤에 운동을 했습니다.

6 과거진행형 Past Progressive [was/were + ~ing]

- What **were** you **doing** at this time she came back yesterday?
  당신은 그녀가 어제 돌아왔던 시간에 무엇을 하고 있었나요?

- I **was working out** when she came back yesterday.
  나는 그녀가 어제 돌아왔을 때 운동 중이었습니다.

7 과거완료형 Past Perfect [had + p.p.]

- What **had** you **done** before went to bed last night?
  당신은 지난밤 잠자러 들어가기 전에 무엇을 했나요?
  (***잠자러 들어가기 그 이전부터 잠자기 직전까지 무엇을 했나?** 의미로 이해하면 됨)

- I **had worked out** before I went to bed last night?
  나는 지난밤 잠자러 들어가기 전에 운동을 했습니다.
  (***잠자러 들어가기 그 이전부터 잠자기 직전까지 운동을 했다.** 의미로 이해하면 됨)

8 과거완료진행형 Past Perfect Progressive [had + p.p. + ~ing]

- What **were** you **doing** before she came back? How long **had** you **been doing** that?
  당신은 그녀가 돌아왔던 그 이전에 무엇을 하고 있는 중이었나요? 당신은 얼마나 오랫동안 그것을 하고 있던 중이었습니까?

- I **had been working out** for three hours before she came back.
  나는 그녀가 돌아왔던 그 이전 3시간 동안 운동을 하고 있던 중이었습니다.

9 미래형 Simple Future [will/be going to + 동사원형]

- What **will** you **do** tomorrow?
  당신은 내일 무엇을 할 거예요?

- I **will work out** tomorrow.
  나는 내일 운동을 할 것입니다.

10 미래진행형 Future Progressive [will be + ~ing]

- What **will** you **be doing** at this time she comes back tomorrow?
  당신은 그녀가 내일 돌아올 시간에 무엇을 하고 있을 것입니까?

- I **will be working out** when she comes back.
  나는 그녀가 돌아올 때 운동을 하고 있을 것입니다.

11 미래완료형 Future Perfect [will have + p.p.]

- What **will** you **have done** by the time she comes back?
  당신은 그녀가 돌아올 시점에 무엇을 마칠 것입니까?

- I **will have worked out** by the time she comes back.
  나는 그녀가 돌아올 시점에 운동을 마칠 것입니다.

12 미래완료진행형 Future Perfect Progressive [will have + p.p. ~ing]

- What **will** you **be doing** before she comes back tomorrow? How long **will** you **have been doing** that?
  당신은 그녀가 내일 오기 전에 무엇을 하고 있을 것인가요? 당신은 얼마나 오랫동안 그것을 하고 있을 것입니까?

- I **will have been working out** for three hours when she comes back.
  나는 그녀가 오기 전 3시간 동안 운동을 하고 있을 것입니다.

2. 현재시점의 표현

1 규칙적, 영구적, 왕래발착, 조건을 표현하는 현재형

- She **plays** badminton before she goes home.
  그녀는 집에 가기 전에 배드민턴을 칩니다.
  (***습관적**으로 매일 친다.)

- The earth **goes** around the sun.
  지구는 태양 주위를 공전합니다.
  (***일반적, 영구적**으로 태양 주위를 돈다.)

- Too many **cooks** spoil the broth.
  사공이 많으면 배가 산으로 올라갑니다.
  (***진리**)

---

① go 가다, come 오다, return 돌아오다, leave 떠나다, depart 떠나다, move 이사가다, arrive 도착하다 등의 동사는 현재형을 통해 미래를 표현함
② 때·조건(when, as soon as, if, unless) + 주어 + 현재동사, 주어 + will + 동사원형

- The bus for the athletes **leaves** at 9 o'clock.
  선수들이 탄 버스는 9시에 출발합니다.

- If it **rains** tomorrow, I will watch the final match on TV.
  만약 내일 비가 오면, 나는 결승전을 TV로 볼 것입니다.

2 지금 일어나는 동작, 정해진 약속을 표현하는 현재진행형

① (지금 이 순간) at the moment, at this moment 등의 부사와 잘 쓰임

② (지금, 현재) currently, at present, now 등의 부사와 잘 쓰임

- I **am riding** a bike now.
  나는 지금 자전거를 타고 있다.

- The team **is coming** back tomorrow.
  그 팀은 내일 돌아올 것이다.

 여기서 잠깐!

- **진행형을 못 쓰는 동사들**
  appear ~처럼 보인다, **hate** 싫어하다, **include** 포함하다, **know** 안다,
  like 좋아하다, **love** 사랑하다, **miss** 그리워하다, **need** 필요로 하다, **own**
  소유하다, **possess** 소유하다, **resemble** ~와 닮다
  - He <u>possesses</u> a famous professional soccer team in EPL.
    그는 EPL의 유명한 프로축구팀을 소유하고 있어요.
  - The player <u>resembles</u> the style of his father, a former player and
    coach.
    그 선수는 선수출신인 코치이자 아버지의 스타일과 닮았습니다.

● **진행형을 쓸 수도 있고, 못 쓰기도 하는 동사**

① 진행형을 쓸 수 **있는** 경우: **have** 먹다, 경험하다, **mean** 의도가 있다, **see** 방문하다, 데이트하다, **think** ~에 대해 생각하다

② 진행형을 쓸 수 **없는** 경우: **have** 소유하다, **mean** 의미가 있다, **see** 보다, **think** ~라고 생각하다

- I **am having** a big sporting event on Saturday.
  나는 토요일에 큰 스포츠 이벤트를 경험할 것입니다.
- The agent **has** three athletes. He'll **be seeing** the one of them at 10 a.m.
  그 에이전트는 세 명의 선수를 소유하고 있습니다. 그는 그들 중 한명을 오전 10시에 만날 것입니다.
  = He has an appointment to see one of them at 10 a.m.
    그는 그들 중 한명과 오전 10시에 만나기로 약속했습니다.
- A athlete **is thinking about** her annual salary cap.
  선수는 자신의 연봉 상한액에 대해 생각하고 있습니다.

3 과거의 시점에서 현재까지 이루어진 것을 표현하는 현재완료형

① (~이래로, ~동안) since + 과거에 시작되는 시점, for + 기간과 잘 쓰임

② (~한 적 있다, 없다) before, ever, never 등의 부사와 잘 쓰임

③ (방금 ~ 끝냈다) already, barely, just, recently, yet 등의 부사와 잘 쓰임

④ (최근 기간, 과거 불특정한 시간) these days, this week, in the past 등과 잘 쓰임

⑤ (지금까지, 오늘날까지) until now, up to now, so far, thus far 등과 잘 쓰임

- I **have been** in the Manchester United FC fan club **for** 10 years.
  나는 10년 동안 맨유 팬클럽에 참여하고 있다.

여기서 잠깐!

● **현재완료와 과거시제의 의미 비교**

I <u>was</u> in the Manchester United FC fan club <u>for</u> 10 years.
나는 10년 동안 맨유 팬클럽에 참여했습니다.
→ I have been ~ : 10년 동안 지금도 참여하고 있다는 의미임
→ I was ~ : 10년 동안 참여했고, 지금은 어떠한지 불분명함

• Paul **has worked** as sports agent **since** 2002.
폴은 2022년부터 스포츠 에이전트로 일을 하고 있습니다.

• Amy **has worked** here **for** 10 years.
에이미는 여기서 10년 동안 일하고 있습니다.

• I **have been** busy with my work **these day**.
나는 요즘 내 일로 바쁩니다.

• The game **has barely begun**.
그 경기는 방금 시작했습니다.

• **Have** you **ever been** to Tottenham stadium? No, I **have never been** there. And you? I**'ve been to** the stadium twice.
당신은 토트넘 구장에 가 본적이 있어요? 아니요, 나는 거기에 가 본적이 없어요. 당신은요? 나는 그 경기장에 두 번 갔다 왔습니다.
(*have/has been to: 어디를 갔다 와서 지금은 여기에 있다는 의미, **가 본적이 있다**)

• The player **has gone to** the rival team. I don't know when he'll be back.
그 선수는 경쟁팀에 가버렸습니다. 나는 그가 언제 돌아올지 모릅니다.
(*have/has gone to: 어디를 가서 돌아오지 않았다는 것을 의미, **가버렸다**)

4 **과거의 시점에서 현재까지 진행 중인 것을 표현하는 현재완료진행형**

① (~이래로, ~동안) since + 과거에 시작되는 시점, for + 기간과 잘 쓰임
② (기간) all day, all week, all month, this week, this month, this semester 등과 잘 쓰임
③ (지금까지, 오늘날까지) until now, up to now, so far 등과 잘 쓰임

- She **has been playing** tennis for 2 hours.
  그녀는 2시간 동안 테니스를 치고 있어요.

- I **have been watching** a golf match **all day**.
  나는 하루 종일 골프경기를 보고 있어요.

- He's **been learning** sports marketing **this semester**.
  그는 이번 학기에 스포츠 마케팅을 배우고 있습니다.

- **Up to now**, I've **been thinking** about a professional sports team's service marketing project.
  지금까지, 나는 프로 스포츠 팀의 서비스 마케팅 프로젝트에 대해 생각해 왔습니다.

농구선수	배구선수

3. 과거시점의 표현

1 단순과거, 역사적 사실, 오래 지속되는 상황을 표현하는 과거형

at that time 그 당시에, at the beginning of July 7월 초에, in 2020 2020
년도에, last year 작년에, on March 1 3월 1일에, then 그때, 5 years ago 5년
전에, yesterday 어제 등과 같이 명백한 과거를 나타내는 문구가 포함될 때는 과
거형을 씀(현재완료를 쓰지 못함)

- A scouter **hired** new players **at the end of last year**.
  스카우터는 작년말에 새 선수들을 채용했습니다.

- The coach **was born in 1973**.
  그 코치는 1973년도에 태어났습니다.

- I heard about the player's retirement **last week**.
  나는 지난주에 그 선수의 은퇴소식을 들었습니다.

- K-League **reduced** the price of ticket **then**.
  한국프로축구연맹 K-League는 그때 입장권 가격을 내렸습니다.

- The first professional team **was** the Cincinnati Red Stockings,
  founded in 1869.
  최초의 프로구단은 1869년에 설립된 신시내티 레드스타킹스입니다.
  (*역사적 사실)

- The Joseon Dynasty **was founded** in 1392 and **collapsed** in 1910.
  조선왕조는 1392년에 건국해서 1910년에 멸망했습니다.

여기서 잠깐!

● **현재완료와 과거시제 모두 잘 쓰이는 경우** [부사 PART 03에도 등장]
already(이미), **recently**(최근에), **for**(~동안에)

• I worked with my boy friend in a gym for 3 years.
나는 남자친구와 3년 동안 체육관에서 일을 했습니다.
• I have worked with my boy friend in a gym for 3 years.
나는 남자친구와 3년 동안 체육관에서 일을 해 왔습니다.

2 과거에 진행되는 사실을 표현하는 과거진행형

• What was he doing at that time?
그는 그때에 무엇을 하고 있었나요?

• He was practicing Taekwondo when we came.
우리가 왔을 때 그는 태권도를 연습하고 있었습니다.

• I was going to call you.
나는 당신에게 연락하려고 했어요.
(*연락을 하기로 했는데 안했다)

• I was watching on TV when our team lost an important game.
나는 우리팀이 중요한 경기에서 패배했을 때 TV로 보고 있었습니다.
(*과거 특정 시점의 동작묘사는 과거진행형을 쓸 수 있음)

• She worked on the lowest team for three years.
그녀는 3년 동안 가장 하위팀에서 일했습니다.
(*오래 지속되는 기간 동안의 동작묘사는 과거진행형을 쓸 수 없음)

3 과거보다 더 이전의 일을 표현하는 과거완료형

- Before the owner **took over** the best team last year, he **knew** that the team **had had** a lot of problem.
  그 구단주는 최상위팀을 인수하기 전에 팀에 많은 문제가 있음을 알고 있었습니다.

- **By the time** we **got** to the stadium, the game **had** already **started**.
  우리가 그 경기장에 도착했을 즈음 경기는 이미 시작됐어요.
  (*By the time + 주어 + 과거동사, ~과거완료형~)

- She **had** already **studied** Chapter 3 **before** she began studying Chapter 4.
  그녀는 4장 공부를 시작하기 전에 3장을 이미 공부했습니다.

4 과거 그 이전부터 과거의 한 시점까지 이루어진 것을 표현하는 과거완료형

- She **had been doing** yoga for two hours before her friends came.
  그녀는 친구들이 오기 전에 두 시간동안 요가를 하고 있었어요.

여기서 잠깐!

- **연속적인 일, 사건 전후가 명확할 때는 과거형**
  - We <u>left</u> the stadium before it <u>rained</u>.
    우리는 비가 내리기 전에 경기장을 떠났습니다.
  - After they <u>replaced</u> the coach, the club's image <u>improved</u> a lot.
    그들이 코치를 교체한 후, 그 클럽 이미지는 많이 향상됐어요.
    = The club's image has improved a lot since they replaced the coach.

4. 미래시점의 표현

1 추측, 결정, 의지 및 계획된 의도를 표현하는 미래형

before long 머지않아, by the end of the year 올해 말까지, in the coming week 다가오는 주에, in three week 3주 후에, next week 다음 주에, this Sunday 오는 일요일에, tomorrow 내일, toward the end of the month 이 달 말쯤 등의 단어와 잘 쓰임

- I **will** go to the stadium to watch the World Cup game next weekend.
  나는 다음 주말에 월드컵 경기를 보러 경기장에 갈 것입니다. (***추측, 결정, 의지**)
- I **am going to** go to the stadium to watch the World Cup game next weekend.
  나는 다음 주말에 월드컵 경기를 보러 경기장에 갈 것입니다. (***계획된 의도, 약속**)
- She **will** study tomorrow.
  그녀는 내일 공부할 것입니다.

2 가까운 미래, 급하게 지금 당장 있을 일을 표현하는 미래진행형

- He **will be studying** when you come.
  그는 당신이 올 때 공부를 하고 있을 것입니다.
- It'**ll be raining** soon. I'm worried that the game will be canceled.
  비가 곧 올 것입니다. 나는 경기가 취소되는 건 아닌지 걱정됩니다.

3 미래의 특정한 시점에 완료되는 것을 표현하는 미래완료형

- The sports star **will have moved** to a new team **by next month**.
  그 스포츠 스타는 다음 달까지 새로운 팀으로 이동할 것입니다.

- **By the time** we get to the stadium, the game **will have finished**.
  우리가 그 경기장에 도착할 즈음 경기는 끝났을 것입니다.
  (*By the time + 주어 + 현재동사, ~미래완료형~)
- She **will** already **have studied** Chapter 3 **before** she studies Chapter 4.
  그녀는 4장을 공부하기 전에 3장을 이미 공부가 완료될 것입니다.

4 미래시점에 진행의 의미와 완료개념까지 표현하는 미래완료진행형

- She **will have been studying** for three hours **by the time** her roommate **gets** to dormitory.
  그녀의 룸메이트가 기숙사에 도착할 즈음에 그녀는 세 시간동안 공부를 하고 있을 것입니다.
  (*By the time + 주어 + 현재동사, ~미래완료진행형~)

농구코치

배구코치

CHAPTER 02 | 농구 Basket Ball

A: Who's the No. 1 draft pick this year?

B: What was the name of the player? He's good at passing behind his back.

A: 올해 드래프트 1순위는 누구예요?

B: 아마 그 선수 이름이 뭐였죠? 등 뒤로 패스하는 솜씨가 일품인데.

(*behind one's back pass 등 뒤로 패스하다)

A: That team is also going with the full court press.

B: Yes, it contributed to the team's victory in the last game as well.

A: 저 팀은 또 압박수비를 하는데요.

B: 맞아요, 지난 경기에서도 팀승리에 기여를 했거든요.

(*full court press 압박 수비)

농구 경기장

농구 포지션

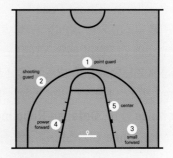

여기서 잠깐!

● **농구 표현**

(A) **Accuracy Pass** 정확한 패스, **Advanced Ball** 어드밴스드 볼, **Air Ball** 아무 데도 맞지 않는 경우/에어볼(= **brick**), **Alley Oop** 공중볼을 그대로 처리하는 플레이, **Angle Shooter** 어떤 각도에서도 슛이 정확한 선수, **Approach Step** 접근 스텝, **Assist Pass** 득점할 수 있는 좋은 위치 선수에 주는 패스, **Attempt the Shot** 슛을 시도하다

(B) **Back Door** 2대1 상황 만들고 슛으로 연결, **Back Behind Dribble** 드리블하고 있는 공을 몸 뒤쪽으로 넘겨 반대편으로 옮기는 기술, **Back Bound Pass** 등 뒤로 보내는 패스, **Back Court** 경기장에서 공격팀 측에서 보았을 때 자기 뒤쪽에 있는 지역, **Back Pass Rule** 볼을 프런트 코트에 진입시킨 팀은 백 코트로 볼을 돌려서는 안 됨, **Back Shot** 골대에 넣기 위해 뒤로 공을 던지는 동작, **Back Screen** 포스트맨을 이용하여 자신의 수비를 따돌리는 플레이, **Back Turn** 몸의 방향을 바꾸는 풋워크, **Back Turn Dribble** 턴하여 뒤로 도는 순간 볼 컨트롤, **Ball Hog** 공을 유독 차지하고자 욕심내는 선수, **Bank Shot** 백보드에 맞춰 슛을 함, **Baseball Pass** 속공을 위해 멀리 강한 볼을 보냄, **Basket Good** 슛하며 파울 얻어내고 자유투도 얻음, **Basket Interface** 슛한 볼이 링 위에 실려 있는 경우, **Behind the Back Pass** 등 뒤로 패스하는 기술, **Blocking Shot** 공을 막다(= **get rejected**), **Block Out** 공격자 몸에 가까이 붙어 리바운드를 방해함, **Board Rebound**의 다른 표현임, **Body Checking Defense** 몸으로 막는 수비, **Bound Pass** 튕겨 오르게 하는 패스, **Box Out** 리바운드 사정권에서 밀어냄, **Buddy Player** 손발이 잘 맞아 콤비 플레이에 능한 선수, **Buzzer Beater** 버저의 울림과 동시에 득점하는 것

(C) **Catching** 볼 잡기, **Center Circle** 농구 코드 중앙의 원, **Charging** 공격수와 수비수 충돌하며 파울, **Chest Pass** 두 손으로 가슴 앞에서 밀어내는 패스, **Check** 수비수가 허리를 낮추고 양손 올리며 공격수의 드리블을 멈추게 함, **Close Up Shot** 바스켓의 가까운 곳에 접근하여 볼을 골대로 던짐, **Combination Defense** 공격수 측의 움직임에 대응해 맨투맨 수비를 병용함, **Cut In** 공격수를 피해 코트 밑으로 파고 들어감, **Cross Step** 상대방의 빠른 드리블과 장거리 이동에 대응하는 개인 수비 자세에 사용하는 스텝

(D) **Defense** 수비, **Defense Rebound** 상대방 슛이 실패했을 때 수비로서 공을 잡아내는 기술, **Dime** 어시스트의 다른 표현, **Double Dribble** 공을 잡았다가 슛이나 패스하지 않고 다시 드리블하는 플레이, **Double Team** 상대 팀 한 명에서 수비 두 명으로 함, **Double Foul** 첫 번째 파울과 동시에 일어나지 않으면서 두 번째 파울이 일어남,

Double Fake 어떤 동작을 취하기 전에 2회 연속 페이크함, **Double Post** 골대와 가까운 지점에서 2명의 장신 선수가 공격을 이끌어감, **Dunk Shot** 덩크슛, **Dodging** 진행방향 바꿔 수비를 벗어남, **Dribble** 드리블, **Dribble Steal** 가로채기, **Disqualfying Foul** 악질적인 파울

(E) **Easy Shot** 근거리에서 노마크로 할 수 있는 수월한 슛

(F) **Fade Away Shot** 뒤로 점프하며 슛, **Feint** 상대를 속이는 동작, **Field Throw** 2점 혹은 3점의 기본적인 득점 방식, **Fight Over** 상대의 스크린 플레이를 피하는 기술, **Floor Balance** 자연스럽게 공격할 수 있는 거리 유지, **Follow Through** 팔을 충분히 뻗음, **Formation Offence** 미리 팀 안에서 공격방법을 결정, **Formation Play** 모든 선수의 움직임 방향을 계획한 플레이, **Foul Trouble** 파울로 인해 곤란해짐, **Free Throw** 자유투, **Free Offence** 개인의 판단에 따른 자유 수비, **Free Foot** 축이 되는 발을 중심으로 자유롭게 움직임, **Front Change Dribble** 공을 쥐는 좌우손 바꾸는 테크닉, **Front Court** 공격 팀에서 보았을 때 자기 앞쪽에 있는 지역, **Full Court Press** 압박수비

(G) **Get an Assist** 도움을 주다, **Guard** 게임을 리드해 나가는 선수

(H) **Hacking** 잡거나 발을 누를 때의 파울, **Hand Up** 양손 올리는 기본동작, **Have good teamwork** 팀워크가 좋다, **Hesitation Step** 일순간 동작 멈춤, **Held Ball** 공격수와 수비수 모두 볼을 껴안고 있는 상태, **Help** 수비수가 공격수 놓쳤을 때 그 수비수를 도와 저지함, **High Lob Pass** 공중으로 높이 띄어주는 패스, **High Post** 로우 포스트의 반대로 프리드로우 라인 부근, **Holding** 상대방 양손 누르는 파울, **Hook Shot** 몸을 반쯤 돌려 골대를 옆으로 둔 상태로 던지는 슛 기술, **Hook Pass** 점프를 하며 팔을 아치형으로 스윙하여 후크 슛으로 연결하는 패스

(I) **Inside Screen** 수비수와 팔을 가슴 앞에 엇갈리게 끼고 벽을 만들어 우리편 공격수 플레이를 유리하게 함, **Inside Turn** 수비수 바로 앞에서 몸을 회전하며 빨리 바깥으로 나가서 패스를 받는 플레이, **Intercept** 상대방의 패스를 도중에 가로채거나 튕겨내는 것, **Intentional Foul** 공격권을 되찾기 위해 수비 선수들이 일부러 범하는 파울

(J) **Jump Stop** 패스 받을 때 양발 동시에 멈춤, **Jump Ball** 점프 볼, **Jump Shot** 점프 슛

(K) **Kick Ball** 고의로 볼을 차서 바이얼레이션

(L) **Lead Man** 코트 안에서 리더적인 역할을 완수하는 포지션, **Leg through Dribble** 다리 사이로 드리블, **Lock Step** 수비를 막고 패스를 받음, **Long Glide** 전속력으로 공격을 마크하는 스텝, **Loose Ball** 어느 팀 선수가 잡아도 되는 볼, **Low Post** 3초 이상 머무는 것 금지지역

(M) **Make the Shot** 슛을 적중시키다, **Man to Man Defense** 1:1 수비, **Mark** 자신이 맡은 공격수에 붙어서 수비, **Meet** 볼 진행방향에 맞추어 달려듦, **Miscue** Turnover를 대

체하는 말로서 실책을 의미

(N) **No Look Pass** 보지않고 하는 패스

(O) **Offence** 공격팀 선수들의 총칭, **Officer** 코트 안의 주심, 부심 2명, **One Hand Set Shot** 모든 슛의 기본으로 팔을 머리 위쪽으로 뻗어 올려 하는 슛, **One Hand Push Pass** 몸을 움직이지 않고 팔만으로 하는 패스, **One Hand Snap Pass** 손목의 스냅만으로 볼을 밀듯이 팔을 뻗어 패스, **One Hand Jump Shot** 가장 기본적인 슛 방식, **One-Man Team** 5명 중 한 명이 유독 주도하는 경우, **Out Number** 공격자수가 수비보다 많음, **Out of Bound** 사이드와 앤드라인 밖에서 공을 던져 넣음, **Over the Shoulder Pass** 어깨 너머로 패스, **Over Head Pass** 머리 너머로 패스

(P) **Pass** 패스, **Pass Cut** 공을 가로챈 후 속공, **Pass Fake** 수비수를 속이는 동작의 패스, **Personal Foul** 5번 이상이면 퇴장, **Physical Contact** 신체 접촉, **Pivot Man** 포스트맨, 가장 신장이 큰 선수, **Pickpocket** steal의 다른 표현, **Pivot Foot** 몸의 방향을 바꾸는 경우 축으로 삼는 발, **Play Maker** 팀의 중심적 선수, **Post Play** 키 큰 선수를 상대 골밑 근처에 배치, **Point Getter** 득점 많이 하는 선수, **Power Forward** 정확한 상황판단으로 슛이나 패스하는 선수, **Press Defense** 압박수비, **Pushing Foul** 몸을 밀어내는 반칙

(R) **Rebound** 골대에 튕겨나온 볼을 다시 잡음, **Rehabilitation** 부상부위 응급처치, **Referee** 심판, **Release** 볼을 보내는 동작, **Release Time** 볼이 손을 벗어나는 시점, **Return Pass** 받은 패스를 던져준 선수에게 바로 패스함, **Rotation** 5명 수비를 차례로 바꿈, **Roll Pass** 농구 경기에서 굴리는 패스, **Running Dribble** 달리면서 하는 드리블

(S) **Safety** 수비진 최후방에서 속공을 차단하는 선수, **Screen Out** 리바운드에서 상대방보다 먼저 볼을 빼앗기 위한 마크(=박스아웃), **Screen Play** 상대 수비수를 몸으로 막아 우리편 선수에 노마크 슛찬스 제공, **Second Guard** 보통 슈팅가드가 담당하며 모든 거리의 슛이 요구되고 속공에 능한 선수, **Set Play** 5명의 선수가 사전에 약속된 패턴으로 공격과 수비하는 방법, **Shot a Brick** 던진 슛이 엉뚱하게 빗나감, **Shut Blocking** 슛을 시도하는 선수의 볼을 쳐서 떨어뜨려 슛을 저지하는 플레이, **Side Step** 풋워크의 일종으로 공격수가 드리블로 짧은 거리를 이동할 때 수비수가 한쪽 발을 공격수의 진행 방향으로 미끄러지듯이 공격수를 마크, **Slide Stop** 달려오는 가속력으로 미끄러지며 멈추는 플레이, **Slam Dunk** 슬램덩크, **Small Forward** 비교적 신장이 작은 공격수, **Stance** 중심을 낮은 자세로 수비, **Steal** 상대 공격수로부터 볼을 빼앗은 플레이, **Steal the Ball** 볼을 빼앗음, **Stride Stop** 달리는 2보 째 발에서 멈춤, **Swat** block의 다른 표현으로 쳐내다란 뜻, **Switch** 수비수가 마크맨을 동료와 서로 맞바꾸는 것

(T) **Tab Pass** 점프하여 받은 골을 착지 전에 패스, **Technical Foul** 선수, 팀 관계자가 룰

에 어긋한 행동하여 부여되는 파울, **Team Foul** 한 팀이 전후반 각 하프 타임에 8개째 파울 발생 시 상대팀에게 1개의 프리 드로우 주어짐, **Three Point Shot** 3점 숏(three pointers), **Tip-in-shot** 살짝 볼을 튕겨 숏, **Touch Down Pass** 캐치와 동시에 득점으로 연결디는 어시스트 패스, **Travelling** 공을 갖고 2보 이상 뛰는 파울 워킹과 동의어, **Tripping** 발을 걸어 진로 방해, 심한 경우 테크니컬 파울

(U) **Unsportman like** 고의적인 파울, **Under Hand Layup Shot** 볼에 손목의 스냅을 걸어 링에 살짝 올려놓는 숏, **Under Hand Pass** 무릎에서 허리 사이로 공을 던져 올리는 패스

(W) **Walking** 볼을 가진 선수가 3보 이상 밟으면 바이얼레이션

(Z) **Zone Defense** 지역방어, **Zone Offence** 지역공격, **Zone Panic** 지역방어에 대한 공포증

CHAPTER

03 | 배구 Volley Ball

A: Do you know who is involved in the case that made us aware of the need for sports agents in our country?

B: Isn't it sports star Kim Yeon-koung? I remember this issue was originally raised due to differences in perception during the club's player loan period.

A: 우리나라에서 스포츠 에이전트의 필요성을 알게 된 사건에 관련된 사람이 누구인지 알고 있습니까?

(*be involved in ~에 관여하다)

B: 스포츠 스타 김연경 선수 아닌가요? 원래 이 문제는 구단 선수 임대기간 동안 인식 차이로 제기된 것으로 기억합니다.

(*player for hire 선수 임대, player on loan 임대 선수)

배구 경기장	배구 포지션

여기서 잠깐!

● **배구 표현**

(A) **Attack Area** 센터라인과 어택라인 사이의 9×3 미터의 지역(=Front zone)

(B) **Block cover** 상대의 블라킹에 걸려 자기편 코트로 떨어지는 볼을 받아내는 플레이 (=Attack cover), **Block follow** 블럭 커버와 반대로 블라킹하는 측이 볼이 블라킹에 맞고 블라킹측의 빈 곳에 떨 것을 대비하여 전위 지역을 커버하는 것, **Block out** 공격한 볼이 블라킹에 맞고 코트밖에 떨어짐, **Block point** 블라킹에 의한 취득 득점

(C) **Center** 중앙에서 블로킹에 집중, 속공을 통해 공격의 활로를 찾는 포지션(=Middle Blocker)

(F) **Feint** 상대방의 빈곳에 찔러 넣는 공격. 리바운드(Rebound) 전법, **Foot Foul** 서브 시에 볼을 토스해 올리기 전에 발이 엔드라인을 넘는 경우(=Foot fault), **Foot Work** 선수의 이동 시 발의 스텝 기술

(H) **Holding** 볼이 경기자의 손이나 팔에 일시적으로 정지하는 상태

(I) **Interfere** 네트 밑으로 몸의 일부가 넘어가 상대의 플레이를 방해하는 행위, **In play** 서브를 넣은 순간부터 심판의 호각에 의해 경기가 일시 정지될 때까지의 실제 경기 상황

(L) **Libero** 최종 수비수(리베로)

(O) **One Extra Stroke** 경기 중 볼이 네트에 걸려 움직이지 않을 경우, 공격 팀이 한 번 더 터치할 수 있다는 규정, **One-five System** 6인제의 서브 리시브 대형 중 하나로 전위 세터 1명을 제외한 2명의 포워드와 3명의 백이 모두 백존(Back zone)에 위치하는 시스템, **One Hand Toss** 한손으로 토스하는 것(=Single hand toss), **Opposite** 오른쪽 날개에서 공격하는 포지션(=Opposite Hitter)/라이트라고 안 함, **Outside Hitter** 왼쪽 날개에서 공격하는 포지션(=Wing Spiker)/레프트라고 안 함, **Out Ball** 선수가 처리한 볼이 사이드 마크 안테나나 라인 바깥으로 떨어져 아웃되는 경우, **Out of Bound** 선수가 처리한 볼이 네트의 9미터 한계 밴드 바깥쪽에 맞거나 코트 외의 각종 시설물에 터치되는 경우 사이드밴드에 맞는 경우는 세이프임, **Out of Position** 서브 넣는 순간 서빙 오더의 선수 배열이 흐트러졌을 경우, **Over Time** 한 팀이 3번 이상 공을 터치하는 경우(=Four contact)

(P) **Passing the Center Line** 인 플레이 가운데 선수가 센터라인을 넘어 상대 코트를 밟았을 때를 의미함, **Positional Fault** 서브나 그 이외의 모든 상황에서 서빙 오더의 선수 배열이 뒤 바뀌었을 때를 의미함, **Pushing** 한손 혹은 두 손으로 볼을 잡아 밀어 넣듯이 빈 곳을 공략하는 기술

(S) **Service Ace** 서브로 직접 득점하는 경우, **Serving Order** 6명의 선수가 서브 넣는 순서, **Set** 세터가 공을 올리는 것(**toss**라고 안 함), **Setter** 공을 올려주는 선수(세터 =**Tosser**)/우수한 세터를 Tosren이라고 함, **Side Coach** 경기장 바깥에서 경기자에게 작전 지시하는 행위를 말하며, 타임아웃(**Time out**)일 때만 허용, **Side Out** 서브권이 상대에게 넘어가는 것, **Side Pass** 허리 높이의 볼을 앞에 두지 않고 옆에서 두 손을 직각으로 하여 언더핸드 토스하는 기술, **Sliding** 풋 스텝으로는 따라갈 수 없는 볼을 살리기 위해 몸을 날리는 기술(=**flying, saving**), **Smashing** 킬(**Kill**)과 같은 의미, **Spiker** 스파이크를 하는 사람, **Straight kill** 사이드라인 쪽으로의 평행 공격, **Supporter** 국부나 관절을 보호하는 고무 보호 용구

(T) **Third Step Attack** 3단 전법/배구의 기본전법으로 리시브(**Recieve**) 또는 패스(**Pass**)·토스(**toss**)·킬(**Kill**) 또는 스파이크(**Spike**)의 3단계의 동작, **Technical Foul** 고의로 게임을 지연하거나 비신사적인 플레이를 하였을 경우의 파울, **Toss** 스파이크 하기 좋게 볼을 연결함(=**Set up**), **Touch Out** 공격한 볼이 수비 측의 몸에 맞고 아웃 볼 되는 것(=**Top out**), **Trick Jump** 직접 공격하지 않는 선수가 상대 블로커를 흐트러뜨릴 목적으로 공격하는 척 점프하는 동작

● **과제**

1. 과거형을 활용하여 자신이 좋아하는 스포츠에 대해 영작하시오.
2. 현재완료형을 활용하여 자신이 좋아하는 스포츠에 대해 영작하시오.
3. 미래형을 활용하여 자신이 좋아하는 스포츠에 대해 영작하시오.

PART

07

조동사 & 가정법

| 미식축구 American Football

CHAPTER 01 | 조동사 Modal Verbs

1. 예의바른 질문

1 May I, Could I, Can I ~ ?

Can I 표현도 예의바르게 질문하는 것이지만, 덜 공식적인 표현임

- **May I** see your seat ticket?
  당신의 좌석 티켓을 봐도 될까요?

  Yes, Of course.
  그럼요.

- Can I try on the sportswear?
  운동복 입어봐도 될까요?

2 Would you, Could you, Will you ~ ?

- **Would you** please keep your seat?
  자리를 비켜주시겠어요?

  Yes, Certainly.
  그럼요.

A: It's time for the sporting event. **Could you** turn the TV channel back?
스포츠 경기를 할 시간인데요, TV 채널을 돌려주실 수 있을까요?

B: I'm sorry. I'd like to help, but my hands are full.
죄송한데요, 도와드리고 싶지만 일손이 바빠서요.

2. 능력, 가능, 허가

1 can ~ 할 수 있다
can't ~ 할 수 없다

- I **can** run fast.
  나는 빨리 달릴 수 있습니다.

- Would you like some more food?
  음식 더 드실래요?

  No thanks, I **can't** eat another bite. I'm full. I'm on a diet.
  아뇨, 괜찮아요. 더 이상 먹지 못해요. 배불러요. 다이어트 중이거든요.

- **Can** I please borrow your pen? Yes. Of course.
  펜 빌릴 수 있을까요? 그럼요.

- **Can** you please sit down? That is because I **can't** see the race.
  앉아 주실래요? 경주가 안보여서요.

- I **can't believe** the New York Yankees lost to the Oakland Athletics.
  It **cannot be** true.
  양키스가 오클랜드에게 졌다니 믿기질 않네요. 사실일 리 없어요.
  (*~ 할 리가 없다/**현재상황의 부정적 추측**/[반대 개념] It must be true. 사실임에 틀림없다)

- She **cannot have drunk** much because of her health.
  그녀는 건강 때문에 과음을 했을 리가 없어요.
  (*cannot have + p.p. ~했을 리가 없다/**과거상황의 부정적 추측**)

2 could ~ 할 수 있었다
couldn't ~ 할 수 없었다

과거, 현재, 미래의 뉘앙스 모두 있음. could, might가 현재상황을 의미하지만 과거형(한 발뒤로 물러선다는 개념)으로 표시할 경우는 다소 조심스럽거나 공손한 표현으로 이해하면 됨

• When I was a child, I **could** run fast, but now I can't.
  어릴 때 빨리 뛸 수 있었지만, 지금은 못합니다.
  (*과거의 상황을 의미 = was able to)

• In the past, I **couldn't** drink, but now I can.
  과거에는 술을 못 마셨지만 지금은 가능합니다.

• Where's Kris? Well, I think he **could** be at the baseball park.
  크리스는 어디 있어요? 글쎄요, 야구장에 있을 것 같은데요.
  (*현재상황을 의미 = may, might)

• Let's leave for the stadium now. Jane' car **could** arrive early, and we want to be there when she arrives.
  경기장으로 출발해요. 제인의 차가 일찍 도착할 수도 있어요. 그녀가 도착할 때 우리가 거기 있기를 원해요.
  (*미래상황을 의미 = might)

• **Could** you show me how to get to the field.
  그 경기장까지 가는 길을 알려 주시겠어요?

• **Could** I ticket the first? I love to see the big game.
  제가 먼저 티켓팅을 해도 될까요? 저는 빅게임을 좋아해요
  (*한발 뒤로 물러선 공손한 표현)

• The Boston Red Sox **could have won** against the Yankees.
  보스턴 레드삭스가 양키스를 이길 수 있었을 텐데요.
  (*could have + p.p. ~할 수도 있었다. 실제로는 이기지 못하고 졌다는 뜻임)

- I **could have watched** the soccer game in a stadium.

  나는 경기장에서 그 축구 경기를 볼 수 있었는데, 못 봤습니다.

여기서 잠깐!

- **can과 be able to 차이**
  ① can은 현재와 과거만 사용 가능(can, could)
  ② be able to는 여러 형태의 시제에서 사용 가능(is able to, was able to, had been able to, 다만 주로 과거의 능력을 말함)
    - She <u>could</u> run fast.
      그녀는 빨리 달릴 수 있었습니다.
      = She <u>was able</u> to run fast.
    - We won't <u>be able to</u> buy a ticket on the spot.
      우리는 현장에서 티켓을 구매할 수 없습니다.

- **can의 관용구**
  ① cannot be too ~(아무리 ~ 해도 지나치지 않다)
  ② cannot help ~ ing = cannot but 동사원형(~하지 않을 수 없다)
    - Exercise <u>cannot be too</u> over emphasized.
      운동은 아무리 강조해도 지나치지 않습니다.
    - I <u>cannot help watching</u> the big match live between two countries.
      저는 두 나라의 빅매치를 생중계로 보지 않을 수 없습니다.

3 may/might ~ 일지도 모른다

- What are you going to do next week?
  당신은 다음 주에 뭐해요?

  I don't know. I may stay home, or I may go over to my uncle's gym.
  글쎄요. 나는 집에 있거나 혹은 삼촌 체육관에 들릴지도 몰라요. (*= might)

- I heard that Korea badminton team won against Indonesia team. It may be true.
  한국 배드민턴 팀이 인도네시아 팀을 이겼다고 들었어요. 그것은 사실일지 몰라요. (*= might)

- May all our team's dream come true.
  우리 팀의 꿈이 이루어지길! (*~하길)

A: May I please change the TV channel?
  제가 TV 채널을 돌려도 될까요? (*공손한 질문)

B: Yes. Certainly. / Yes, you may.
  물론이죠.

  No, you may not.
  안됩니다.

여기서 잠깐!

● **may의 관용구**

① may well ~(~하는 것도 당연하다 = have good reason to)

② may as well ~(~하는 게 좋겠다 = might as well)

③ so that 주어 may ~(~할 수 있도록, ~하려고)

- My father <u>may well</u> be proud of me because I tried to break the record of swimming.

    내가 수영기록을 깨려고 했기 때문에 아버지가 나를 자랑스러워하는 것은 당연해요.

- The coach always tells me that I <u>may as well</u> start a little faster.

    코치는 나에게 항상 스타트를 조금만 더 빨리 하는 게 좋겠다고 말합니다.

- She works out <u>so that</u> she <u>may</u> lose weight.

    그녀는 체중을 줄이기 위해 운동을 합니다.

미식축구	미식축구 용품

3. 의지, 필요, 경험

1 will ~할 것이다

- I'll call her before I go to the stadium.
  나는 경기장 가기 전에 그녀에게 전화할 것입니다.

- I'll make a reservation until they arrive at the hotel.
  그들이 호텔에 도착할 때까지 예약하겠습니다.

  (*make a reservation = reserve 예약하다)

 여기서 잠깐!

- **will과 shall 비교**
  ① will: shall이 쓰이는 것 외에 모두 사용함
  ② shall: 의문문에서 의견을 제안할 때 사용함
    - She <u>will</u> learn weight training for the first time.
      그녀는 처음으로 웨이트 트레이닝을 배울 것입니다.
    - <u>Shall</u> we learn weight training?
      우리 웨이트 트레이닝을 배울래요?

- **will과 be going to 비교**
  ① will: 앞으로 할 일을 결정할 때 사용함
  ② be going to: 이미 하기로 결정한 것을 표현할 때 사용함
    - We <u>will</u> go to the stadium to watch a tennis match every weekend.
      우리는 주말마다 테니스 경기를 보러 경기장에 갈 것입니다.
    - We <u>are going to</u> the stadium to watch a tennis match this weekend.
      우리는 이번 주말에 테니스 경기를 보기 위해 경기장에 갈 것입니다.

2 need 필요하다

need는 본동사와 조동사 모두 쓰일 수 있음

- Do you **need** to go there?
  당신은 거기 갈 필요 있어요?
  (*= **Need** you go there? 조동사)

- Looking at your healthy body, you **don't need to** lose weight.
  당신의 건강한 몸을 보니 체중을 뺄 필요가 없어요.
  (*= Looking at your healthy body, you **don't have to** lose weight. = Looking at your healthy body, you **need not to** lose weight. 조동사)

3 자주 쓰는 유사 조동사

① used to + 동사원형: 예전에 했는데, 지금은 아니다
  be used to 명사 또는 ~ing: 익숙하다 [수동태 PART 04 참조]
② be about to + 동사원형: 막~하려고 하다
③ be bound to + 동사원형: 꼭~하게 되다
④ be due to + 동사원형: ~할 예정이다
⑤ be supposed to + 동사원형: ~하기로 되어 있다 [수동태 PART 04 참조]

- I **used to** watch baseball by last month. I usually watch soccer now.
  나는 지난달까지 야구를 보곤 했어요. 나는 지금 주로 축구를 봅니다.

- I **am used to** working out at a gym in the morning.
  나는 아침에 헬스장에서 운동하는 것이 익숙합니다.

- I **am about to** learn golf this year.
  나는 올해 골프를 배우려고 합니다.

- I **am bound to** play badminton every weekend.
  나는 주말마다 배드민턴을 치러 갈 예정이다.

- I **am due to** retire in the field of sports next year.
  나는 내년에 스포츠 분야에서 은퇴할 예정입니다.

- I **am supposed to** bet on horse racing.
  나는 경마에 돈을 걸기로 했어요.

4. 의무

should < ought to < must < have to < had better '~ 해야 한다'는 should가 가장 약하고, had better가 가장 강한 뉘앙스임

1 should/should not

- You **should** do more aerobic exercise than usual.
  당신은 평상시보다 유산소 운동을 많이 해야 합니다.

- You **should** exercise regularly **lest** you **should** harm your health.
  건강을 해치지 않도록 규칙적으로 운동을 해야 합니다.
  (***lest 주어 should** ~하지 않도록)

2 ought to/ought not to

- The player **ought to** apologize for harming the opposite team's player.
  그 선수는 상대팀 선수에게 해를 끼친 것에 대해 사과해야 합니다.

3 must/must not

- He **must be** sick.
  그는 아팠음에 틀림없습니다.

• He **must have been** sick after overdoing his exercise.
그는 운동을 무리하게 한 후 아팠었음이 틀림없습니다.

A: Did you offer her something to drink?
그녀에게 마실 것을 제공했어요?

B: Yes, but she didn't want anything. She **must not** be thirsty.
그럼요, 하지만 그녀는 아무것도 원하지 않았어요. 그녀는 목이 마르지
않았음이 틀림없어요.

4 have to/do not have to

• The gym is two blocks away from my house. It's not far away, but I
usually work out outdoors, so I **don't have to** work out in the gym.
체육관은 내 집에서 두 블록 떨어져 있어요. 멀지 않은 거리이지만, 나는
평소에 야외에서 운동하므로 체육관에서 운동을 할 필요가 없어요.

여기서 잠깐!

● must와 have to/have got to 비교
① 둘 다 '~ 해야 한다'란 의미임
② '~임에 틀림없다'는 must만 갖는 의미임
  • He <u>has to</u> apologize for harming her.
    그는 그녀에게 해를 끼친 것에 대해 사과해야 해요. (*=must)
  • She <u>must</u> be harmed by him.
    그녀는 그로 인해 피해를 입었을 것입니다.

5 had better/had better not

• I am sick.
저는 아파요.

What's the matter? You **had better** go to hospital.
무슨 일이에요? 당신은 병원에 가야 합니다.

 여기서 잠깐!

● **조동사 + have p.p.**
　① **would have p.p.** ~ 했었을 텐데, 못 했다
　② **could have p.p.** ~ 할 수 있었는데, 못 했다
　③ **should have p.p.** ~ 했어야 했는데, 못 했다
　④ **must have p.p.** ~ 했음에 틀림이 없다
　⑤ **may have p.p.** ~ 했을지도 모른다(= might have p.p.)
　　• We <u>would have learned</u> to play tennis.
　　　우리는 테니스를 배웠을 텐데.
　　• She <u>could have watched</u> the game.
　　　그녀는 그 경기를 볼 수 있었을 텐데.
　　• You <u>should have seen</u> the game of two countries. It's amazing!
　　　당신은 두 나라의 경기를 봤어야 했는데. 정말 대단했어요!
　　• You <u>must have been</u> tired.
　　　당신은 피곤하겠어요.
　　• He <u>may have been</u> there.
　　　그는 그곳에 가 봤을지도 몰라요.

미식축구 선수

미식축구 코치

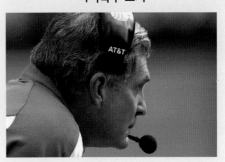

CHAPTER 02 | 가정법 Subjunctive

1. 가정법 현재와 미래

1 일어날 가능성이 있는 가정법 현재

If + 주어 + 현재시제, 주어 + 현재시제/will

- If it **rains** tomorrow, **will** you go to the stadium or not?
  내일 비가 온다면, 경기장에 갈 거예요 혹은 가지 않을 거예요?
  (*If it should rain ~ **should**를 쓰면 비가 올 가능성이 적다는 의미임)

- If I **have** enough money, I **will** go to the Tottenham stadium with my girl friend.
  돈이 있다면, 여자 친구와 토트넘 경기장에 갈 겁니다.
  (*현재에 돈이 있을 **가능성이 있음**)

- If the weather is nice yesterday, we **will** go to the baseball park.
  날씨가 좋으면 야구장에 갈 겁니다.
  (*현재 날씨가 좋은 **가능성이 있음**)

- That should **make** things a lot easier if the athlete is a new member.
  만약 그 선수가 새로운 멤버라면 일이 훨씬 쉬워지겠는 걸.

2 일어날 가능성이 적은 가정법 미래

> If + 주어 + should + 동사원형, 주어 + 현재시제/would/will

- If it **should** rain tomorrow, will you **go** to the stadium or not?
  내일 비가 온다면, 경기장에 갈 거예요 혹은 가지 않을 거예요?
  (*= **Should** it rain tomorrow, will you go to the stadium or not?)

- **Should** the referee happen to warn the player, I **would** be very surprised at the situation.
  그 심판이 그 선수에게 경고한다면, 나는 그 상황에 무척 놀랄 거예요.
  (*= If the referee **should** happen to warn the player, I **would** be very surprised at the situation.)

- If she **should** arrive earlier, I'**m** at the Sangam Stadium in Seoul.
  그녀가 더 일찍 도착하면, 나는 서울 상암경기장에 있는 거예요.
  (*미래에 더 일찍 도착할 **가능성이 적음**)

- If you **should** change your mind, I **will** get a full refund the ticket.
  당신이 생각을 바꾼다면, 내가 그 표를 전액 환불받을 겁니다.
  (*미래에 생각을 바꿀 **가능성이 적음**)

- **Should** you run into Paul, tell him I **am** sitting on a chair near the center fielder of baseball.
  당신이 폴과 마주친다면, 나는 야구 중견수 근처의 의자에 앉아있다고 전해줘요.
  (***run into** ~와 우연히 만나다, 충돌하다)

여기서 잠깐!

● **가정법 현재·미래와 과거·과거완료 비교**

① 가정법 현재·미래는 가능성이 **있다**는 표현

② 가정법 과거·과거완료는 가능성이 **없다**는 표현

- If I <u>have</u> enough money, I <u>will</u> go to the stadium with you every week.
  나에게 충분한 돈이 있다면, 당신과 경기장에 매주 갈 것입니다.
  (*돈이 많아질 **가능성이 있음**)

- If I <u>had</u> enough money, I <u>would</u> go to the stadium with you every week.
  나에게 충분한 돈이 많다면, 당신과 경기장에 매주 갈 수 있을 텐데, 못 갔습니다.
  (*돈이 많아질 **가능성이 없음**)

- If I <u>had had</u> enough money, I <u>would have gone</u> to the stadium with you every week.
  나에게 충분한 돈이 많았다면, 당신과 경기장에 매주 갈 수 있었을 텐데, 못 갔습니다.
  (*돈이 많아질 **가능성이 없었음**)

2. 가정법 과거와 과거완료

1 일어날 가능성이 없고 현재사실에 반대되는 가정법 과거

① If + 주어 + 동사 과거형, 주어 + would/should/could/might + 동사원형
② If + 주어 + were, 주어 + would/should/could/might + 동사원형

- If I **had** enough money, I **would** go to the Tottenham stadium with my girl friend.
  내가 돈이 있다면, 여자 친구와 토트넘 경기장에 갈 텐데요.
  (*현재에 **돈이 없음**)
- If the weather **were** nice today, we **would** go to the baseball park.
  오늘 날씨가 좋다면, 우리는 야구 경기장에 갈 수 있을 텐데요.
  (*지금 날씨가 좋지 않아 **못 갔음** = **Were** the weather nice today, we **would** go to the baseball park.)
- **Were** I you, I **wouldn't** support the team.
  제가 당신이라면, 그 팀을 응원하지 않을 텐데요.
- **Were** I your sports instructor, I **would** insist you do better work.
  제가 당신의 스포츠 강사라면, 당신이 더 잘해야 한다고 주장할 거예요.

2 일어날 가능성이 없고 과거사실에 반대되는 가정법 과거완료

If + 주어 + had p.p., 주어 + would/should/could/might + have p.p.

- If the weather **had been** nice today, we **would have gone** to the baseball park.
  오늘 날씨가 좋았다면, 우리는 야구 경기장에 갈 수 있었을 텐데요.
  (*지금보다 이전에 날씨가 좋지 않아 **못 갔음** = **Had** the weather **been** nice today, we **would have gone** to the baseball park.)

- If I **had had** enough money, I **would have gone** to the Tottenham stadium with my girl friend.

  내가 돈이 있었다면, 여자 친구와 토트넘 경기장에 갔을 텐데요.

  (*과거에 **돈이 없었음**)

- **Had** she been better prepared, she **would have won** a gold medal.

  그녀가 좀 더 준비를 했었다면, 금메달을 땄을 텐데.

- **Had** we realized the danger, we **wouldn't have gone** to the soccer stadium. After the game, there was a serious hooligan disturbance.

  우리가 위험을 인지했었다면, 축구장에 가지 않았을 텐데요. 경기가 끝난 후 심각한 훌리건 난동이 있었습니다.

- I was tired. **Otherwise**, I **would have gone** to the gym with you last night.

  나는 어제 피곤했습니다. 그렇지 않았다면, 당신하고 지난밤에 체육관에 갔었을 텐데요.

  (*피곤해서 경기장에 **못 갔음** = **If** I **had been** tired, I **would have gone** to the gym with you last night.)

3 다른 시간 때를 나타내는 혼합 가정법

① If + 과거, 주어 + 미래
② If + 과거완료, 주어 + 과거
③ If + 과거, 주어 + 과거완료

- If the player **worked** hard, he **will** be a sports star.

  그 선수가 열심히 했다면, 그는 스포츠 스타가 될 것입니다.

- If I **had had** enough money, I **would** go to the Tottenham stadium with my girl friend.

  내가 돈이 있었다면, 여자 친구와 토트넘 경기장에 갈 텐데요.

  (*과거에 돈이 없어서 **현재에 못 감**)

- If the weather **had been** nice yesterday, we **would** go to the baseball park.
  날씨가 좋았으면, 야구장에 갈 텐데요.
  (*과거에 날씨가 좋지 않아 **현재에** 야구장에 **못 감**)

- If the player **worked** hard, he **would have been** a sports star.
  그 선수가 열심히 했다면, 그는 스포츠 스타가 됐을 텐데요.
  (*현재 열심히 하지 않아서 스포츠 스타가 **안 됨**)

미식축구 관객

미식축구 중계

3. 다양한 표현

1 without/but for + 명사

[가정법 과거]

- **Without** the coach's help, I would not succeed.
  그 코치의 도움이 없다면, 전 성공하지 못할 텐데요.
  (*코치의 도움이 있어서 **성공을 했음**)

  = <u>But for</u> the coach's help, I would not succeed.

  = <u>If it were not for</u> the coach's help, I would not succeed.

  = <u>Were it not for</u> the coach's help, I would not succeed.

[가정법 과거완료]

- It would have been a good game **without** his biased judgment.

  그의 편파 판정이 없었다면 좋은 경기가 될 수 있었을 텐데요.

  (*편파 판정이 있어 **좋은 경기가 되지 않았음**)

  = It would have been a good game <u>but for</u> his biased judgment.

  = It would have been a good game <u>if</u> it <u>hadn't been</u> for his biased judgment.

  = It would have been a good game <u>had</u> it <u>not been</u> for his biased judgment.

2 as if/as though + 주어 + 동사

[직설법]

- It looks like **as if** my team is going to win.

  내 팀이 이길 것 같다.

  (*실제로 이길 수 있는 상황임 **as if/as though + 주어 + 동사**)

- It looks **like** rain during today's game.

  오늘 경기 중에 비가 올 것 같다. (***like + 명사**)

  = It looks <u>as if it</u> is going to rain during today's game.

  = It looks <u>as though</u> it is going to rain during today's game.

[가정법 과거]

- He acts **as though** he was/were a sports star.

  그는 스포츠 스타처럼 행동합니다. (*스포츠 스타가 아닌데, **그렇게 행동함**)

- I don't know how to dance. I **wish** I **knew** how to dance.

  나는 춤추는 법을 모릅니다. 나는 춤추는 법을 알기를 바랍니다.

[가정법 과거완료]

- I was so happy that I felt **as if** I **had been** a sports star.

  나는 스포츠 스타가 되었다면 매우 기뻤을 텐데요.

  (*스포츠 스타가 아니어서 **기쁘지 않았음**)

- She didn't know how to swim. She **wishes** she **had known** how to swim.
  그녀는 수영하는 법을 몰랐습니다. 그녀는 수영하는 법을 알았기를 바랍니다.

3 I wish + 주어 + 과거 또는 과거완료

- **I wish** the coach **were** a successful role model.
  나는 그 코치가 성공적인 롤모델이었으면 좋겠습니다.
  (*가정법 과거, 현재 성공적인 롤모델이 아님)

- **I wish** the coach **has been** a successful role model.
  나는 그 코치가 성공적인 롤모델이 되었길 바랍니다.
  (*가정법 과거완료, 과거에 성공적인 롤모델이 아니었음)

4 명사/형용사/동사 + that 주어 (should) 동사원형

① 명사: decision 결정, order 명령, recommendation 추천, suggestion 제안, wish 소망
② 형용사: desirable 바람직한, essential 필수적인, imperative 위엄 있는, important 중요한, natural 당연한, necessary 필요한, urge 긴급한, vital 필수적인
③ 동사: advise 조언하다, ask 요구하다, command 명령하다, decide 결정하다, demand 요구하다, insist 주장하다, move 동의하다, 발의하다, order 요구하다, recommend 추천하다, require 요구하다, prefer 선호하다, propose 제안하다, suggest 제안하다, urge 충고하다

- The club's fans **suggest** that KBL **(should) low** the price of the stadium ticket.
  그 클럽의 팬들은 한국농구연맹 Korea Baseball Association이 경기장 티켓 가격을 낮춰야 한다고 제안합니다.

여기서 잠깐!

● **suggest와 insist**

① suggest: '암시하다'로 쓰일 때는 모든 시제가 올 수 있음

② insist: 과거사실을 주장할 때는 과거시제로 써야 함

- **The team doctor's report <u>suggests</u> that stress <u>causes</u> injury.**
  그 팀 의사의 보고서는 스트레스가 부상을 유발한다는 것을 시사합니다.
  (*~ should cause가 아님)

- **The athlete <u>insisted</u> that the club <u>broke</u> the contract first.**
  그 선수는 구단이 먼저 계약을 파기했다고 주장했습니다.
  (*~ should break가 아님)

5 It is 형용사 + that 주어 should 동사원형

① 이성: **important** 중요한, **natural** 자연스러운, **necessary** 필요한, **proper** 올바른, **rational** 합리적인, **right** 옳은, **well** 좋은, **wrong** 잘못된

② 감성: **a pity** 유감스러운, **curious** 궁금한, **odd** 이상한, **regrettable** 유감스러운, **strange** 이상한, **surprising** 놀라운, **wonderful** 멋진

- It is **necessary** that we **should know** the result of the big game.
  우리는 그 큰 경기의 결과를 알 필요가 있습니다.

- It is **a pity** that the player **should be** tested for doping again.
  그 선수가 도핑 테스트를 다시 받아야 한다는 것은 유감스러운 일입니다.

- It is **surprising** that the sport star **should do** so foolish like a child.
  그 스포츠 스타가 어린아이처럼 그렇게 어리석은 행동을 하다니 놀랍습니다.
  (*어리석은 행동을 한 것에 대한 **강한 의구심**을 나타낼 때는 should를 씀)

- It is **surprising** that the sport star **does** so foolish like a child.
  그 스포츠 스타가 어린아이처럼 그렇게 어리석은 행동을 하다니 놀랍습니다.
  (*어리석은 행동을 한 것의 **전제가 내포**됐을 때는 should를 생략하기도 함)

6 It is time + 주어 + 과거 또는 should 동사원형

- **It is time** we **went** to the fitness club.
  우리는 피트니스 클럽에 갈 시간입니다. (***현재의 의미**)
  = It is time we **should go** to the fitness club.
  = It is time for us to the fitness club.

CHAPTER 03 | 미식축구 American Football

A: Rich Stadium in Buffalo, New York, is the first case of stadium naming rights sales.

B: Really? In Korea, a baseball stadium is the first of its kind, and Gwangju-Kia Champions Field is the stadium.

A: 뉴욕 버팔로의 리치 스타디움은 경기장 명명권 판매의 첫 사례입니다.

B: 그래요? 한국은 야구장이 최초 사례로서 광주-기아 챔피언스 필드가 그 경기장입니다.

(*naming rights 명명권으로서 경기장 명칭 사용권을 의미함)

미식축구 경기장	미식축구 포지션
	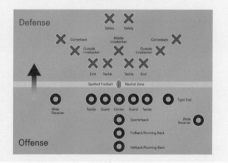

여기서 잠깐!

- 미식축구 표현
(B) **Block** 러너가 전진할 수 있도록 라인맨이나 풀백 등이 길을 열어줌, **Blitz** 라인배커까지 가세해서 쿼터백에게 러싱하는 기습 전술
(C) **Challenge** 팀 감독이 심판 판정에 대한 이의 제기로 빨간 깃발을 던짐, **Corner Back** 와이드 리시버 전담 수비수, **Cross the line** 선수들의 도가 지나친 행동, **Crucial Moments** 경기의 결정적인 순간
(D) **Delay of Game** 40초의 각 플레이 준비시간을 어김, 5야드 패널티, **Deep Zone** 수비 시 스크리미지 라인에서 15야드 이상 떨어진 지역, **Defensive Line** 첫 번째 라인의 수비수로 스크럼을 통한 태클을 함(= **End, Tackle**), **Drive** 공격권을 넘겨받은 후 다시 넘겨줄 때까지의 플레이, **Drop** 공을 놓친 횟수
(E) **End Zone** 필드 양 끝에 있는 길이 1야드 너비, 160피트의 지역
(F) **1st Down** 4번의 공격 기회 안에 10야드를 전진한 횟수와 행위, **4th Down Conversion** 4번째 공격 기회에서 Punt를 하지 않고 공격을 감행, **4th and inches** 4번째 다운을 시도할 차례에 punt를 할 것인지 전진을 할 것인지 결정해야 하는 상황, **Fake Mask** 풋볼 헬멧에 코와 입 주위를 보호하는 창살/상대의 페이스 마스크를 잡으면 반칙/페널티 15야드, **False Start** 센터가 공을 잡고 경기 시작하기 전에 상대 공격팀 선수가 움직일 때의 반칙/걸리면 페널티 5야드를 받아 공의 위치가 공격 팀 진영으로 5야드 더 물러나서 시작함, **Field Goal** 필드에서 H바 안으로 차 넣어 득점함/3점, **First and Ten** 첫 번째 다운으로 10야드까지 가야 하는 상황으로 공격을 시작함을 의미, **Flag Penalty Flag** 심판이 반칙을 선언하며 노란 깃발 던짐/플레이 종료 후 패널티 받음, **Front 7** 라인맨과 라인배커들이 서는 형태로 4-3 혹은 3-4 형태, **Full or Half Back** 쿼터백에게 공을 받아 돌진하는 역할을 함(= **Running Back**), **Fumble** 공을 놓치는 것(fumble the ball), **Fumble Recovery** 놓친 공을 다시 잡는 것, **Fullback** 러싱 플레이에서 러너의 길을 먼저 가며 열어줌
(H) **Helmat-to-Helmat Collision** 헬멧과 헬멧이 부딪치면 반칙, 패널티 15야드, **Hip Pad** 엉덩이 보호 장구, **Holding** 잡으면 반칙, 공격 팀이 범하면 패널티 10야드/수비팀이 범하면 패널티 5야드
(I) **Interception** 공격 팀에서 쿼터백이 패스한 공을 땅에 떨어지기 전에 수비 팀이 가로채는 것(make an interception 도중에 빼앗다. 붙잡다)
(K) **Kicker** 땅에 공을 놓고 차는 역할, **Kickoff** 30야드 선상에서 킥 티에 올려지 공을 차서

공격권을 넘겨주는 킥, **Knee Pad** 무릎에 착용하는 필수 보호 장구

(L) **Leadblock** 러너의 전진을 수월하게 하기 위해 수비수를 밀어냄, **Line Backer** 두 번째 라인에 위치하고 러닝백과 리시버의 돌파를 저지함(= **Outside, Middle**), **Line of Scrimmage** 센터가 플레이 시작 전에 공을 잡고 있는 지점

(M) **Mike** 미들 라인배커(**Middle Linebacker**)를 쉽게 부르는 표현

(N) **Nickel Defense** 전통적인 **Front 7**의 형태는 4-2가 형성되고 나머지 5명의 선수가 Defensive Backs로 구성이 되는 포메이션

(O) **Offensive Line** 첫 번째 라인의 공격수로 스크럼을 통한 공격진 보호(= **Center, Quard, Tackle**), **Offensive Team** 공격팀, **Officials** 심판들, **Offside** 상대 공격팀이 공격 액션 취하기 전에 수비팀이 상대팀 제한선 Line of Scrimmage을 침범할 때의 반칙, 패널티 5야드, **On-side Kick** 공을 구르게 차고 10야드만 나가게 해서 볼 소유권을 다툴 수 있게 함, **Overtime** 연장전, 초과근무시간(**O.T./put in overtime** 초과근무하다)

(P) **Passing** 쿼터백의 패스를 활용한 공격, **Play Action** 러닝백에게 공을 주는 척하고 쿼터백이 패스 공격하는 전술, **Punt** 총 4번의 공격기회 중 3번의 공격기회 안에 10야드를 전진하지 못해 불리한 위치에서 공격권을 넘겨주지 않기 위해 공을 들고 멀리 차는 행위, **Punter** 손으로 공을 들고 차는 역할

(Q) **QB Rating** 쿼터백 기록 계산방법, **Quarterback** 공격방법 지휘, 리시버에게 패스하거나 직접 돌파함(**sack the quarterback** 쿼터백을 막다), **Quarterback Sack** 쿼터백이 상대 수비수에 걸려 넘어져 공격이 끝난 것

(R) **Returner** 킥리턴이나 펀트리턴을 하는 역할, **Runningback** 공을 들고 달려 전진하는 포지션, **Rushing** 러닝백의 러싱을 활용한 공격

(S) **Safety** 최후방 수비수 Free/Strong/공격팀 자기 진영의 End Zone에서 수비팀의 태클에 걸려 넘어져 공격이 중단된 경우/Sam Strongside Linebacker를 쉽게 부르는 표현, **Shoulder** 어깨와 가슴부위를 보호하는 기본적인 보호 장구

(T) **2pt conversion** 터치다운 후 추가득점상황에서 필드골이 아닌 터치다운을 노리는 것, **3pt Down Conversion** 3번째 다운에서 퍼스트 다운을 얻는 확률, **Tackle the ball carrier** 공격수에 태클을 걸다, **Thigh Pad** 허벅지에 착용하는 필수 보호 장구, **Throw a flag** 좋지 않은 매너를 보이면 노란색 깃발을 던짐, **Throw a Hail Mary** 마지막 기적을 바라며 던짐(=**throw a bomb, drop a bomb**), **Tight End** 전천후 포지션, 쿼터백 보호, 리시버, 러닝백 역할도 수행함, **Touchdown** 공격수가 공을 엔드존에 들어감, 6점(**score a touchdown** 6점을 얻다), **Two-minute Warning** 전후반 끝나기 2분 전 시간이 멈추는 것으로 타임아웃처럼 경기가 멈추는 것(**official timeout**)

(U) **Under Zone** 수비 시 스크리미지 라인에서 5~120야드 떨어진 곳, **unsportsmanlike** conduct 스포츠맨답지 않은 행동

(W) West Coast Offence 러싱(rushing)을 최대한 배제, 짧은 거리 패스로 전진하는 전술, Wide Receiver 쿼터백의 패스를 받는 역할, Willie 위크사이드 라인배커(Weakside Linebacker)를 부르기 쉽게 표현

(Z) Zig Out 패스 루트 중의 하나

● 과제

1. 예의바른 질문으로 상대방이 좋아하는 스포츠에 대한 질문형을 영작하시오.

2. 가정법 현재를 사용해 자신이 좋아하는 운동에 대해 영작하시오.

3. 가정법 과거완료를 사용해 자신이 좋아하는 운동에 대해 영작하시오.

PART

08

비교급 & 최상급
| 아이스하키 Ice Hockey

CHAPTER 01 | 비교급과 최상급 Comparative & Superlative

1. 원급

1 as ~ as + 명사

as brave as a lion = very brave 사자처럼 용감한/매우 용감한, as busy as a bee = very busy 벌처럼 바쁜/매우 바쁜, as clear as cystal(glass) = very clear 수정(유리)처럼 투명한/매우 명쾌한, as cold as ice = very cold 얼음처럼 차가운/매우 추운, as cool as a cucumber = very cool 오이처럼 차가운/매우 냉정한, as cunning as a fox = very cunning 여우처럼 교활한/매우 교활한, as easy as ABC = very easy ABC처럼 쉬운/매우 쉬운, as free as a bird = very free 새처럼 자유로운/매우 자유로운, as hard as a rock = very hard 바위처럼 단단한/매우 단단한, as high as a kite = very high 연처럼 높은/매우 높은, as hungry as a bear = very hungry 곰처럼 배고픈/매우 배고픈, as old as the hills = very old 언덕처럼 오래된/매우 오래된, as poor as a church mouse = very poor 교회 쥐처럼 가난한/매우 가난한, as light as a feather = very light 깃털처럼 가벼운/매우 가벼운, as loud as thunder = very loud 우레와 같이/매우 시끄러운, as mad as a wet hen = very mad 젖은 닭처럼 화가 난/매우 화가 난, as nervous as a cat = very nervous 고양이처럼 예민한/매우 신경질적인, as soft as butter = very soft 버터처럼 부드러운/매우 부드러운, as sour as vinegar = very sour 식초처럼 시큼한/매우 못마땅한 듯한, as steady as a rock = very steady 바위처럼 견고한/매우 견고한, as still as a statue = very still 동상처럼 가만히/매우 고요한/가만히, as strong as a bull(an ox) = very strong 황소처럼 강한/매우 강한/힘이 센, as stubborn as a mule = very stubborn 노새처럼 고집이 센/매우 고집이 센, as tough as leather = very tough 가죽처럼 강한/매우 강한/견고한

- He is **as brave as a lion**. I heard that he had spoken bitterly to the owner.

  그는 사자처럼 용감합니다. 그는 구단주에게 쓴소리를 했다고 들었어요.

- Did he really lift that heavy box all by himself? He must be **as strong as a bull**.

  그는 정말 혼자서 그 무거운 상자를 들어 올렸나요? 그는 황소만큼 힘이 센 것이 틀림없습니다.

2 as ~ as + 주어 + 동사

- The stadium is **too** far for us **to** go. We can't go any farther. This is **as far as we can go**.

  그 경기장은 우리가 가기에는 너무 멀어요. 우리는 더 이상 갈 수 없습니다. 여기까지가 우리가 갈 수 있는 데까지입니다.

  (***too ~ to 동사원형:** 너무~해서 ~할 수 없다)

- I can't run any faster. I am running **as fast as I can**.

  나는 더 빨리 달릴 수 없습니다. 나는 가능한 한 빨리 달리고 있습니다.

  (*= I can't run any faster. I am running **as soon as possible**.)

- I am **as happy as I can be**. That is because I climbed up the top of Mt. Halla.

  나는 최고로 행복합니다. 왜냐하면 한라산 정상에 올랐기 때문입니다.

  (***as ~ as 주어 can 또는 could be:** 최고로 ~하다)

- She is **as great a figure skating player as ever lived**.

  그녀는 그 어느 때보다 훌륭한 피겨 스케이팅 선수입니다.

  (***as + 형용사 + 관사 + 명사 + as ever:** 이제까지~한~)

- He is **not so much a scouter as a counselor** who helps the player's career.

  그는 스카우터라기 보다는 선수 경력에 도움을 주는 카운슬러입니다.

  (***not so much A as B:** A라기 보다는 B)

3 just as/almost as (not quite as)/not nearly as ~ as

- This glass is **just as** full **as** that glass.
  이 잔은 저 잔만큼 가득 차 있습니다.

- This box is **almost as** big **as** that box
  이 상자는 거의 저 상자만큼 큽니다.
  (*= ~ not quite as ~ as ~)

- This road is **not nearly as** wide **as** that road.
  이 길은 저 길만큼 넓지 않습니다.

2. 비교급과 최상급 표현

1 일반적인 비교급 표현

① 공식적 표현: I am older than <u>he is</u>.
② 비공식적 표현: I am older than <u>him</u>.

- The athlete is **taller than my team leader (is)**.
  그 선수는 나의 팀 리더보다 키가 큽니다.
  = The athlete is <u>taller than he is</u>.
  = The athlete is <u>taller than him</u>. [informal]

- My favorite player is **younger than** I am (또는 me). Maybe he is **the youngest** athlete in his team.
  제가 가장 좋아하는 선수가 나보다 어립니다. 아마 그가 팀 내에서 가장 어릴 거예요.
  (*me는 **비공식적**인 일상적 표현)

- I was on time. She was late. I went to the stadium **earlier than** she did (또는 her).

나는 제 시간에 왔습니다. 그녀는 늦었어요. 나는 그녀보다 일찍 경기장에 갔습니다.

- The U.S. baseball league is **larger than** the Korea baseball league.
  미국 프로야구 리그가 한국 프로야구 리그보다 큽니다.

- Old sports shoes are usually **more** comfortable **than** new sports shoes.
  오래된 스포츠 신발들이 보통 새 스포츠 신발보다 편합니다.

- The sports instructor's classes are difficult, but my classes are easy. Her classes are **more** difficult **than mine**. My classes are **easier than hers**.
  그 스포츠 강사의 수업은 어렵지만, 나의 수업은 쉽습니다. 그녀의 수업은 나의 수업보다 더 어려워요. 나의 수업은 그녀의 수업보다 쉽습니다.

여기서 잠깐!

● **음절수에 따른 비교 및 최상급**
  ① 한 음절 형용사의 비교 및 최상급
    • old - older - the oldest
    • wise - wiser - the wisest

  ② 두 음절 이상의 형용사 비교 및 최상급
    • famous - more famous - the most famous
    • pleasant - more pleasant - the most pleasant
    • busy - busier - the busiest
    • pretty - prettier - the prettiest
    • clever - cleverer(more clever) - the cleverest(the most clever)
    • gentle - gentler(more gentle) - the gentlest(the most gentle)
    • friendly - friendlier(more friendly) - the friendliest(the most friendly)

- angry - more angry - the most angry
- important - more important - the most important
- fascinating - more fascinating - the most fascinating

③ 부사/불규칙 형용사·부사 비교 및 최상급
- good - better - the best
- bad - worse - the worst
- badly - worse - the worst
- carefully - more carefully - the most carefully
- slowly - more slowly - the most slowly
- fast - faster - the fastest
- hard - harder - the hardest
- well - better - the best
- far - farther(further) - the farthest(the furthest)

2 기타 비교급 표현

① 비교급 and 비교급: angry → angrier and angrier(더 화가 나는)/big → bigger and bigger(더 큰)/cold → colder and colder(더 추운)/good → better and better(더 좋은)/fast → faster and faster(더 빠른)/hard → harder and harder(더 강한)/long → longer and longer(더 긴)/loud → louder and louder(더 큰)/warm → warmer and warmer(더 따뜻한)/weak → weaker and weaker(더 약한)/wet → wetter and wetter(더 축축한)

② The 비교급, the 비교급: The more, the better(많을수록 좋다)/The sooner, the better(빠를수록 좋다)

③ the 비교급 + of ~: twice **the amount of**(~ 2배의 양)/twice **the depth of**(~ 2배의 깊이)/ three times **the height of**(~ 3배의 높이)/three times **the length of**(~ 3배의 길이)/four times **the number of**(~ 4배의 수)/four times **the size of**(~ 4배의 크기)/fifth times **the weight of**(~ 5배의 무게)/ fifth times **the width of**(~ 5배의 폭)

- I'm just going to get **angrier and angrier** to play such a lethargic game.
  그렇게 무기력한 경기를 하다니 나는 점점 더 화가 날 겁니다.
  (*= **more and more** angry)

- John is out of shape. I can run a lot **faster and faster** than he can(또는 him).
  존은 몸매가 엉망입니다. (혹은 건강이 안 좋아요.) 나는 그보다 훨씬 더 빠르게 달릴 수 있습니다.

- **The more** dangerous the sports is, **the more** people seems to watch and like it.
  스포츠가 위험할수록 사람들이 더 보고 좋아하는 것 같습니다.

- **The bigger** the sports market, **the higher** the players's salaries.
  스포츠 시장이 커질수록 선수들의 연봉은 올라갑니다.

- The pitcher is **the taller of** the two.
  그 투수가 둘 중에 더 큽니다.

- The sports stadium in my area is twice **the size of** the one there.
  내 지역의 스포츠 경기장은 그곳의 두 배 크기입니다.

3 최상급

- The Europe professional soccer league is **the largest** market in the world.
  유럽 프로축구 리그가 세계에서 가장 큰 시장입니다.

- No one can run **faster than** cheetah. Bolt is **the fastest** man of all.
  치타보다 빨리 달릴 수 있는 사람은 없습니다. 볼트는 모든 사람들 중에서
  가장 빠른 사람입니다.

아이스하키

아이스하키 관객

3. 다양한 표현

1 less ~ than/not as ~ as/no ~ than/not ~ than

① **less ~ than**: ~ 보다 덜 ~ 한(= not as ~ as)

② **no ~ than**: no more than = only(단지), no less than = as much as(~만큼)

③ **not ~ than**: not more than = at most(많아 봐야, 기껏해야), not less
than = at least(적어도, 최소한)

- The amateur player is **less** ambitious **than** this player.
  그 아마추어 선수는 이 선수보다 야망이 적습니다.
  (*= The amateur player isn't as ambitious as this player.)

- The team has **no more than** three players in normal condition
  because there are many injured players.
  부상 선수가 많아 정상 컨디션의 선수는 3명에 불과합니다.

- The sports market of this year is **not more than** 2% to rise.
올해 스포츠 시장은 2% 이상 상승하지 않을 것입니다.

2 be not the same as

- Soccer **is not the same as** football.
축구는 미식축구와 같지 않습니다.
(*= Soccer **is different from** football.)

- Soccer and Ruby both come from England. In other words, they come from **the same** country.
축구와 럭비는 잉글랜드에서 유래됐습니다. 즉, 그것들은 같은 나라로부터 유래됐습니다.

- A tennis stadium is not **the same** size **as** a badminton stadium. The tennis stadium is larger.
테니스 경기장과 배드민턴 경기장 크기가 같지 않습니다. 테니스 경기장이 더 큽니다.

3 be similar to

- Baseball **is similar to** softball.
야구와 소프트볼은 유사합니다.
= Baseball is the same as softball.
= Baseball is like softball.

- Trying to go swimming without getting wet **is similar to** trying to get through school without studying.
젖지 않고 수영하는 노력이란 공부하지 않고 학교에 다니는 것과 유사합니다.
= Trying to go swimming without getting wet is the same as trying to get through school without studying.
= Trying to go swimming without getting wet is like trying to get through school without studying.

4 be different from

- Soccer **is different from** football.
  축구는 미식축구와 다릅니다.

- European soccer **has been different from** South American soccer in terms of players' skills and styles.
  유럽 축구는 선수들의 기량이나 스타일 면에서 남미 축구와 차이가 있었습니다.

5 like/alike

① A is like B
② A and B are alike.

- Baseball **is like** softball how to play, but soccer **and** American football **are** not alike.
  야구는 소프트볼처럼 경기를 하지만, 축구는 미식축구는 같지 않습니다.

- Koreans **and** Japanese **are alike** in terms of performance styles in baseball.
  야구에서 한국인과 일본인은 경기 스타일 면에서 비슷합니다.

6 라틴어 비교 to

anterior to ~보다 앞에, inferior to ~보다 열등한, junior to ~보다 나이가 어린, major to ~보다 주요한, minor to ~보다 적은, posterior to ~보다 뒤쪽의, prior to ~보다 앞선, superior to ~보다 뛰어난

- Her athletic skill **is anterior to** her colleagues in the team.
  그녀의 운동 기술은 그 팀의 동료들보다 앞서 있습니다.

- I **am junior to** her brother who is a famous athlete.
  저는 유명한 운동선수인 그녀의 오빠보다 후배입니다.

CHAPTER
02 | 아이스하키 Ice Hockey

A: They're playing ice hockey! It looks so cool!

B: Yeah! I wish I could play ice hockey too.

A: 그들은 아이스하키 하고 있네요. 멋지네요.

B: 네, 저도 아이스하키를 할 수 있으면 좋겠어요.

A: I'm so late. What's the score?

B: Our team didn't get a single point for the entire three periods. The team has been shut out.

A: 내가 너무 늦었어요. 점수가 어떻게 돼요?

B: 우리 팀은 세 개 피리어드 내내 1점도 못 얻었어요. 완봉을 당했어요.

(*shout out 완봉승을 거두다, shutout 완봉, 완전히 막아낸 경기))

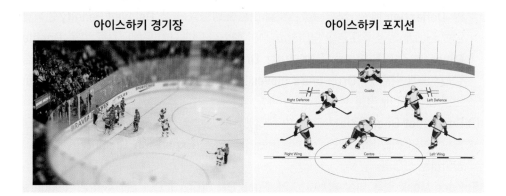

아이스하키 경기장   아이스하키 포지션

여기서 잠깐!

● 아이스하키 표현

(A) **Assist** 골 도움, **Attacking Zone** 공격지역

(B) **Back Check** 공격으로부터 수비로의 전환, **Backhand Shot** 하키스틱의 뒷날, **Behind the Net** 골라인 뒤쪽 지역, **Blue Lines** 오프사이드의 기준이 되는 12인 두께의 파란선/수비·중앙·공격지역으로 세 개로 구분, **Boards** 아이스하키 링크 전체를 두른 나무로 된 벽, **Board Walls**, 3.5~4 피트 높이의 나무와 플라스틱으로 선수와 퍽이 빙판 바깥쪽으로 나가는 것을 방지, **Body Check** 어깨나 힙을 이용하여 경기 중 상대선수의 플레이를 몸을 부딪쳐서 방해함(=**Checking**), **Break Away** 상대방 골키퍼와 일대일로 공격하는 기회(=**Breakout**), **Breaking Pass** 브레이크 어웨이를 가능하게 하는 패스, **Breaks** 공격수의 숫자가 수비수보다 많거나 같은 경우

(C) **Center** 세 명의 공격수인 센터·라이트윙·레프트윙의 중간의 위치를 차지하는 선수, 플레이를 리드(=**Center forward**), **Center Face-off Circle** 빙판 정중앙에 위치한 지름 30피트의 원, 게임시작과 득점 후에 페이스오프를 하는 지역, **Center Ice** 두 블루라인 사이의 중앙지역(=**Neutral Zone**), **Centering Pass** 센터링이라고 하는 상대방 골문 바로 앞쪽으로의 패스, **Center Line** 중앙 라인, **Check Someone** 한 선수가 다른 선수에게 세게 부딪히다, **Clearing the Puck** 수비지역에서 중앙지역이나 상대진영으로 퍽을 쳐냄, **Clearing the Zone** 모든 공격선수들이 공격지역을 벗어남/오프사이드 반칙을 피함, **Crease Lines** 골대 앞의 푸른색 반원모양의 골키퍼 보호지역

(D) **Dead Puck** 경기장 밖으로 나간 퍽, **Defenseman** 수비수, **Defensive Zone** 수비진영, **Deflection** 패스, 슈팅 등을 스틱을 이용해 방향을 바꿈, **Delayed Penalty** 반칙을 당한 팀에게 공격 주도권을 부여하고/퍽이 빼앗길 때까지 어드밴티지를 적용, **Double Minor** 2분간 퇴장 반칙을 두 번 부여함, **Drop Pass** 앞서가던 선수가 뒤에 따라오는 동료선수에게 퍽을 줌, **Drop one's gloves** 싸우기 위해 장갑을 벗어 던지다, **Dump-in** 상대 공격지역에 퍽을 쳐 넣은 후 공격함

(E) **Empty-net Goal** 골키퍼가 없는 빈 골대에 성공시킨 골, **Enforcer** 동료선수들이 상대팀으로부터 거친 바디체크로 부상당하는 것을 막음, **Expension Team** 리그에 새로이 참가하는 신생팀

(F) **Face Mask** 얼굴 부상 방지하는 망, **Face Off** 아이스하키의 경기시작 방식(square off 싸울 자세를 취하다), **Face-off Circle** 페이스오프 하는 구역, **Falling on the Puck** 경기지연 목적으로 고의로 퍽 위에 눕거나 장갑으로 감싸 안은 경우, **Feeding**

퍽을 패스함, **Flat Pass** 상대선수나 상대선수의 스틱을 피해 빙판에서 퍽을 띄워 패스함, **Forehand** 백핸드의 반대, 앞으로 패스나 슛, **Forward Line of Attacking Line** 레프트·라이트의 두 명의 윙과 한 명의 센터포워드로 이뤄진 공격조, **Forwards** 공격수, **Fouls** 패널티를 부과하는 반칙, **Franchise Player** 팀의 간판선수, **Freezed the Puck** 스케이트나 퍽으로 플레이 중단을 위해 퍽을 멈추게 함, **Full Strength** 6명 선수 전원이 플레이를 함

(G) **Goalie** 골기퍼(goalkeeper)

(H) **Have a breakaway** 수비를 뚫다

(I) **In a burst of speed** 굉장히 빠른 속도로

(M) **Make a Save** 득점을 저지하다

(N) **Net** 네트

(P) **Penalty** 페널티(**receive a penalty** 페널티를 받다), **Penalty Box** 페널티 박스(2~5분에 앉음), **Penalty killing units** 페널티 상황을 잘 버텨낼 전문 선수들, **Power Play** 힘 위주 경기운영, **Puck** 퍽

(R) **Record a shutout** 골기퍼가 경기 내내 모든 샷을 막아냄

(S) **Be shorthanded** 선수가 부족한 상태다, **Shut Out** 완봉, **Slip past the defense** 공격수가 수비를 제치고 빠져나가다, **Sit on the bench** 출전을 기다리며 벤치에 앉아 있다(**stand on the sidelines** 일에 별로 참여하지 못하는 사람), **Stick Check** 하키스틱으로 상대선수의 스틱이나 퍽을 방해함, **Streak down the ice** 방해받지 않고 빙판 위를 달리다

(T) **Take a slapshot** 강타를 날리다

- **과제**
  1. 비교급을 활용하여 다른 스포츠 종목보다 좋아하는 분야를 영작하시오.
  2. 최상급을 활용하여 좋아하는 운동에 대해 영작하시오.

PART

09

부정사, 동명사, & 분사
| 테니스 Tennis

CHAPTER 01 | 부정사 Infinitive

 여기서 잠깐!

- **부정사, 동명사, 분사의 기능**
  ① 부정사(to 동사원형): 동사, 명사, 형용사, 부사처럼 사용/정할 수 없는 품사란 의미임
  ② 동명사(동사 ~ing): 동사, 명사처럼 사용/동사 + 명사 역할을 동시에 함
  ③ 분사(동사 ~ing): 동사, 형용사, 부사처럼 사용/동사 + 형용사 또는 동사 + 부사 역할을 함

1. 부정사의 형태

1 동사 + to 동사원형

① 여유가 있다/해내다/기대하다/기다리다: **afford/manage/expect/wait** + to 동사원형
② 원하다/바라다/열망하다/간청하다/주장하다/필요하다: **desire, want/hope, wish/aspire/beg/claim/need** + to 동사원형

③ 싫어하다/위협하다: **hate/threaten** + to 동사원형

④ 관심을 갖다/선택하다/자격이 있다: **care/choose/deserve** + to 동사원형

⑤ 동의하다/약속하다/결심하다/계속하다/제안하다: **agree/promise/decide/ continue/offer** + to 동사원형

⑥ 주저하다/거부당하다/실패하다: **hesitate/refuse/fail** + to 동사원형

⑦ 목표로 하다/배우다/계획하다/~척 하다/의도하다/의미하다/준비하다: **aim/learn/ plan/pretend/intend/mean/prepare** + to 동사원형

- The player **can afford to** participate in social contribution activities every quarter.
  그 선수는 매 분기마다 사회공헌활동을 할 여유가 있다.

- He **hoped to** become a famous athlete.
  그는 유명한 운동선수가 되기를 희망했습니다.

- Most people **hate to** be at the stadium with their hooligans.
  대부분의 사람들은 훌리건과 함께 경기장에 있는 것을 싫어합니다.

- I think she **deserves to** receive an award.
  나는 그녀가 상을 받을 만한다고 생각해요.

- The reporters **continued to** ask the former coach many questions.
  기자들은 계속해서 전 코치에게 많은 질문을 했습니다.

여기서 잠깐!

- **의미상 주어(for, of)**
  ① **for** 의미상 주어 + 목적격 + to 동사원형: 대체로 for를 씀
  ② **of** 의미상 주어 + 목적격 + to 동사원형: **brave** 용감한, **careful** 조심스러운, **careless** 부주의한, **clever** 영리한, **cruel** 잔인한, **foolish** 어리석은, **good** 좋은, **helpful** 도움이 되는, **honest** 정직한, **nice** 친절한, **rude** 무례한, **polite** 점잖은, **wise** 현명한 등과 같은 사람의 행동을 묘사하는 형용사에서는 of를 씀
    - I'll **wait for you** to finish your exercise.
      네가 운동을 끝낼 때까지 기다릴 것입니다.
    - It is very **kind of you** say so.
      그렇게 말씀해 주셔서 친절하시네요.

2 동사 + 목적어 + to 동사원형

① 조언: advise 조언하다, ask 요청하다, beg 간청하다, command 명령하다, forbid 금지하다, instruct 지시하다, order 명령하다, remind 상기시키다, require 요구하다, teach 가르치다, tell 말하다, urge 충고하다, warn 경고하다 + 목적어 + to 동사원형
② 원인: cause 야기하다, drive 추진하다, force 강요하다, get 시키다, inspire 영감을 주다, remind 상기시키다 + 목적어 + to 동사원형
③ 소망: expect 기대하다, hate 싫어하다, like 좋아하다, love 사랑하다, prefer 선호하다, want 원하다, challenge 도전하다 + 목적어 + to 동사원형
④ 설득: allow 허락하다, encourage 격려하다, invite 초대하다, permit 허용하다, persuade 설득하다, convince 설득하다 + 목적어 + to 동사원형

- The trainer **advised her to gain** weight.
  트레이너는 그녀에게 살을 찌우라고 조언했습니다.

- Minor quarrels **cause benchclearing to show** on the ground.
  사소한 다툼으로 벤치 클리어링이 그라운드에 드러납니다.

- The owner **expects the player to join** in his team.
  구단주는 선수가 자신의 팀에 합류하기를 기대합니다.

- His coach **convinced him to** eat less.
  그의 코치는 그에게 적게 먹으라고 설득했습니다.

 여기서 잠깐!

- **동사 + (목적어) + to 동사원형**
  ask, beg, choose, expect, need, want, would like to는 목적어를 써도 되고 안 써도 되는 동사임
  - I like to play badminton with my colleagues at the gym every day.
    나는 매일 동료들과 체육관에서 배드민턴 치는 것을 좋아합니다.
  - I want to be a national soccer team.
    나는 축구 국가대표팀이 되고 싶습니다.
  - Would you like to something to drink?
    마실 것 좀 드릴까요?

3 동사 + 목적어 + 동사원형(앞에 to 생략)

① 지각동사: see 보다, hear 듣다, feel 느끼다 + <u>목적어 + 동사원형</u>

② 사역동사: have 시키다, make 만들다, let 하게 하다 + <u>목적어 + 동사원형</u>

- I **saw** the sports star **come up** to me.

  나는 그 스포츠 스타가 나에게 다가오는 것을 보았습니다.

- The training program **makes** me **encourage**.

  그 훈련 프로그램은 나를 용기 있게 합니다.

  = The training program encouraged me.

 여기서 잠깐!

- **5형식 문장의 수동태** [수동태 PART 04에도 등장]

  ① <주어+동사+목적어+보어>를 수동태로 만들면 동사 뒤의 보어는 그대로 남음

  ② 지각동사인 make(만들다), hear(듣다), see(보다) <지각동사+목적어+동사원형>의 수동태 구문에서 **to**가 살아남

  - We <u>elected</u> him head of the club. (우리는 그를 구단의 단장으로 뽑았습니다.)

    = He <u>was elected</u> head of the club <u>by</u> us.

  - I <u>heard</u> his win a competition. (나는 그의 대회 우승소식을 들었습니다.)

    = He <u>was heard to</u> win a competition.

- **help, have + 목적어 + (to) 동사원형** [수동태 PART 04에도 등장]

  have, help는 <to + 동사원형> 혹은 <동사원형>을 써도 되는 동사임

  - She <u>helped Kris to find</u> his job.

    그녀는 크리스의 직업을 찾는 것을 도와주었다.

    = She <u>helped Kris find</u> his job.

2. 다양한 표현

1 의문사 + to 동사원형

<명사/형용사/동사 + (목적어) + 의문사(who/what/when/where/how/why/which) + to
동사원형>으로 목적어가 있거나 없는 형태에서 자주 쓰임
① 목적어 있음: advise 조언하다, ask 묻다, show 보여주다, tell 말하다, teach 가르치
　다 + 목적어 + to 동사원형
② 목적어 없음: consider 고려하다, clear 분명한, decide 결정하다, discuss 의논하다,
　find out 알아내다, learn 배우다, obvious 분명한, remember 기억하다, know 알
　다(=have an idea), sure 확실한, wonder 궁금해 하다 + to 동사원형

- The coach **teaches the athlete how to hit**.
  그 코치는 그 선수에게 타격하는 법을 가르칩니다.

- I've been working out for so long that I don't **know who to beat**.
  나는 운동을 너무 오래해서 누구를 이겨야 할지 모르겠네요. (= who to win)

- I don't **remember what to do** in the new stadium.
  나는 새 경기장에서 무엇을 해야 할지 기억이 안 납니다.

- I didn't **decide when to leave** because there are so many people
  after the game.
  나는 경기가 끝난 후 사람들이 너무 많아서 언제 나가야할지 결정을 못했
  습니다.

- They didn't **consider where to go** in the new stadium.
  그들은 새 경기장에서 어디로 갈지 고려하지 않았어요.

- She's so tired that I don't **know how to get over** it.
  그녀는 너무 지쳐 어떻게 극복해야 할지 모릅니다.

2 명사/ 형용사 + to 동사원형

① 명사: ability to ~할 능력, authority to ~할 권리, chance to ~할 기회, attempt to ~하려는 시도, effort to ~하려는 시도, need to ~할 필요, opportunity to ~할 기회, right to ~할 권리

② 형용사: be able to 할 수 있다, be anxious to 열망하다, be apt/liable to 하기 쉽다, be bound/certain/sure to 확실히~하다, be eager to 갈망하다, be happy to 행복하다, be intended to 의도되다, be likely to 할 것 같다, be ready to 준비가 되다, be pleased to 기쁘다, be reluctant to 꺼리다, be scheduled to 하기로 되어 있다, be willing to 기꺼이~하다

- Chloe **has the ability to express** herself through her body movement in the field of sports dancing.
  클로이는 스포츠 댄스 분야에서 몸의 움직임을 통해 표현하는 능력을 가지고 있습니다.

- Amy **is eager to** be a Taekwondo master.
  에이미는 태권도 사범이 되기를 열망합니다.

- Jiho **is scheduled to practice** martial art every weekend.
  지호는 주말마다 무술 연습을 할 예정입니다.

여기서 잠깐!

● **수동태에서 by 대신 쓰는 to 표현** [수동태 PART 04에도 등장]
be accustomed to 익숙하다, be attributed to ~탓으로 돌려지다,
be bound to ~하게 되어 있다, be committed(dedicated, devoted,
determined) to 헌신하다, be known(exposed) to 알려지다, be
married to 결혼하다, be opposed to 반대하다, be related to ~와 관
계가 있다

　• Kris <u>is accustomed to writing</u> books based on his major.
　크리스는 자신의 전공을 바탕으로 책을 쓰는 것에 익숙합니다.
　• Gemma <u>is committed to studying</u> in the field of residential real
　estate.
　젬마는 주거용 부동산 분야에서 공부하기 위해 전념하고 있습니다.

3 too + 형용사/부사 + to 동사원형

• The exercise equipment is **too heavy for** me to carry.
그 운동장비는 내가 들기에는 너무 무겁습니다.

　= The exercise equipment is so heavy <u>that</u> I <u>can't</u> carry it.

• The exercise is **too difficult to complete** the program at my age.
그 운동은 내 나이에서 프로그램을 완수하기에는 너무 어려워요.

4 형용사/부사 + enough + to 동사원형

• She is **brave enough to say** many problems in her team.

그녀는 팀에서 많은 문제들을 말한 만큼 용기가 있습니다.

= She is so brave <u>that</u> she <u>can</u> say many problems in her team.

= She is <u>so</u> brave <u>as to be able to</u> say many problems in her team.

• We are **passionate enough to** learn new sports.
우리는 새로운 스포츠를 배울 만큼 열정적입니다.

5 in order + to 동사원형

• I have been saving money for three months **in order to watch** the big game.
나는 그 빅게임을 보기 위해서 석 달 전부터 돈을 모으고 있습니다.

= I have been saving money for three months <u>so as to watch</u> the big game.

= I have been saving money for three months <u>to watch</u> the big game.

테니스

테니스 용품

CHAPTER

02 | 동명사 Gerund

 여기서 잠깐!

● **동명사 위치**
  ① 전치사 + <u>동명사</u> + 명사
  ② 접속사 + <u>동명사</u> + 목적어
    • The coach is responsible <u>for implementing effective strategies and tactics</u> in games.
      코치는 경기에서 효과적인 전략과 전술을 구현할 책임이 있습니다.
    • The team captain ordered them to pass <u>after concentrating teammates</u> during the game.
      팀 주장은 경기 중 동료들을 집중시킨 후 패스를 주문했습니다.

1. 동명사의 형태

1 동사 + ~ing

① 인정하다/진가를 알아보다/계속하다/연습하다: appreciate, admit, confess/
appreciate/keep/practice + ~ing

② 피하다, 꺼리다/부인하다/ 어쩔 수 없다: avoid, mind/deny/cannot help +
~ing

③ 고려하다/언급하다/포함하다: consider/mention/include + ~ing

④ 미루다/계속하다/위험을 무릅쓰다: delay, postpone, put off/keep/risk +
~ing

⑤ 그만두다/거부하다: discontinue, give up, finish, quit, stop/resist +
~ing

⑥ 즐기다/싫어하다: enjoy/dislike + ~ing

⑦ 권하다/제안하다: recommend/suggest + ~ing

- I've just **finished working out** at the gym.
  나는 방금 체육관에서 운동을 마쳤습니다.

- She **recommends exercising** at least three times a week.
  그녀는 적어도 일주일에 세 번은 운동하는 것을 추천합니다.

2 동사 + to 동사원형/~ing

① 의미가 달라지지 않는 동사: attempt 시도하다, begin 시작하다, can't bear
참을 수 없다(=can't stand), continue 계속하다, hate 싫어하다, like 좋아하
다, love 사랑하다, prefer 선호하다, propose 제안하다, start 시작하다 +
to 동사원형 또는 ~ing

② 의미가 달라지는 동사

미래의 느낌 <부정사>, **현재** 혹은 **과거**의 느낌 <동명사>: **forget to** 할 일을 잊다, **forget ~ing** 현재 혹은 과거에 ~한 것을 잊다/**go on to** 함께 계속하다, **go on ~ing** 계속해서 ~하다/**regret to** 유감이다, **regret ~ing** 후회하다/**remember to** ~할 것을 기억하다, **remember ~ing** 현재 혹은 과거에 ~한 것을 기억하다/**stop to** ~위해 멈추다, **stop ~ing** 현재 혹은 과거에 ~하는 것을 멈추다/**try to** 노력해서 ~하다, **try ~ing** 시험적으로 ~하다

- He is **attempting bicycling** on the tough mountain courses.
  그는 험난한 산악 코스에서 자전거 타기를 시도하고 있습니다.
  = He is <u>attempting to go</u> bicycling on the tough mountain courses.

- He stopped **to smoke**.
  그는 담배를 피우기 위해 멈췄어요. (미래 행동을 위해 함)

- He stopped **smoking**.
  그는 담배를 끊었어요. (현재 혹은 과거에 이미 함)

3 동사 + to + 명사/ ~ing

① ~에 전념하다: be committed to/be devoted to/be dedicated to + 명사 또는 ~ing
   = commit(devote, dedicate) oneself to ~
② ~에 익숙하다: be(get) used to/be accustomed to + <u>명사 또는 ~ing</u>
③ ~와 유사하다: be similar to + <u>명사 또는 ~ing</u>
④ 반드시 ~ 하다: be subject to + <u>명사 또는 ~ing</u>
⑤ ~에 공헌하다: contribute to + <u>명사 또는 ~ing</u>
⑥ ~하는 것을 기대하다: look forward to + <u>명사 또는 ~ing</u>
⑦ ~하는 것에 반대하다: object to/be opposed to + <u>명사 또는 ~ing</u>
⑧ ~보다 앞서는: prior to + <u>명사 또는 ~ing</u>

⑨ ~에 반응하다: react to/respond to + 명사 또는 ~ing

⑩ ~에 관해서는: when it comes to + 명사 또는 ~ing

　(=as far as ~ be concerned)

⑪ ~을 매우 좋아하게 되다: take to + 명사 또는 ~ing

⑫ ~사실임을 고백하다: confess(attest) to + 명사 또는 ~ing

⑬ ~에 의존하다: resort to ~ + 명사 또는 ~ing

⑭ ~하기 위하여, ~을 예상하여: with a view to/with the intention of/for the purpose of ~ + 명사 또는 ~ing

- His style of play **is similar to** that of his coach when he was young.
그의 경기 스타일은 코치가 젊었을 때 경기 스타일과 비슷합니다.

- The real protagonist of the Moneyball movie, the head of the team, **was opposed to scouting** as a player's character.
머니볼 영화의 실제 주인공인 단장은 선수 캐릭터로 스카우트하는 것을 반대했습니다.

- The agent for athletes **is looking forward to meeting** with the owner of the team in a good mood.
선수 에이전트는 구단주와 좋은 분위기로 만나기를 고대하고 있습니다.

2. 다양한 표현

1 동사 + to 동사원형/명사

deserve to ~할 만하다, be entitled to 자격이 있다, can afford to 여유가 있다, can't afford to 여유가 없다, have a right to 권리가 있다, lead to 연결되어 있다 + 동사원형 또는 명사

- A sports instructor **is entitled to coach and teach** people in sports.
스포츠 강사는 스포츠에서 사람들을 지도하고 가르칠 권리가 있습니다.

- We **have a right to** use a gym because we are students at this university.
우리는 이 대학의 학생이기 때문에 체육관을 이용할 권리가 있습니다.

2 기타 관용어구

be busy ~ing 바쁘다, be worth ~ing 가치가 있다, cannot help(stop) ~ing ~하지 않을 수 없다, come close(near) to ~ing ~할 뻔하다, go ~ing ~하러 가다, far from ~ing 전혀 ~아닌, feel like ~ing ~하고 싶다, for the ~ing ~ 하기만 하면(=only if 주어~), hate the thought of ~ing 생각만 해도 싫다, love the thought of ~ing 생각만 해도 좋다, have a good(great, terrific) time (in) ~ing 즐겁게 ~하다, have a hard(difficulty, tough) time (in) ~ing 어렵게 ~하다, have difficulty(trouble) ~ing 어려움을 겪다, It goes without saying that ~말할 것도 없다(=Needless to say that~), It is no use ~ing 소용없다(=There is no use ~ing), It's worth ~ing ~할 가치가 있다(=It's worthwhile to~), make a point of ~ing 중요하게 생각하다, nearly escape ~ing 거의 피할 뻔하다, need(want) ~ing ~될 필요가 있다(=need(want) to be p.p.), never ~ without ~ing ~하면 항상 ~한다, on ~ing ~하자마자 (=upon ~ing), on the purpose(brink/verge) of ~ing ~할 찰나에, spend money(time/energy) ~ing ~에 돈/시간/노력을 쓰다, waste money(time/ energy) ~ing ~에 돈/시간/노력을 낭비하다, spend time ~ing ~에 시간을 쓰 다, There is no ~ing 불가능하다(=It is impossible to~), What's the use of ~ing? ~해서 무슨 소용 있나?

- The athlete always **has difficulty dealing** with jet lag during the away game.
그 선수는 원정경기 동안 항상 시차 적응에 어려움을 겪습니다.

- The coach **makes a point of having** athletes' faithfulness prior to attractiveness.

  코치는 매력보다 선수들의 성실함을 먼저 강조합니다.

- **What's the use of watching** the game on TV again? Live watching at the stadium is the most important.

  TV로 경기를 다시 보면 무슨 소용이 있겠어요? 경기장에서 생중계로 보는 게 제일 중요해요.

테니스 선수	테니스 심판

CHAPTER

03 | 분사 Participle

 여기서 잠깐!

- **분사 위치**

  ① 명사 앞: 형용사처럼 쓰임

  ② 명사 뒤: 목적어나 부사구로 앞의 명사를 수식함

  ③ be 동사 뒤: 서술적으로 쓰임

  - The <u>increasing price</u> of tickets is subject to a decrease as soon as possible.

    인상되는 티켓 가격은 가능한 한 빨리 인하될 수 있습니다.

  - The female player is trying to develop a new skill <u>enhancing the team's performance</u> in games.

    여성 선수는 게임에서 팀의 성과를 향상시키는 새로운 기술을 개발하려고 노력하고 있습니다.

  - We <u>are satisfied with</u> the fan meeting of a famous player.

    저희는 유명한 선수의 팬미팅에 만족하고 있습니다.

1. 분사의 형태

1 현재분사와 과거분사

① 현재분사와 과거분사 차이
- 현재분사: 주어나 꾸밈을 받는 단어가 <u>영향을 줌</u>(~하게 하는)
- 과거분사: 주어나 꾸밈을 받는 단어가 <u>영향을 받음</u>(~하게 된)
② 여러 가지 표현
boring 지루하게 하는, bored 지루한/confusing 혼란스럽게 하는, confused 혼란스러운/depressing 우울함을 주는, depressed 우울함을 느끼는/disappointing 실망스러운, disappointed 실망한/embarrassing 난처하게 하는, embarrassed 난처한/exciting 흥분시키는, excited 흥분한/frustrating 좌절감을 주는, frustrated 좌절한/interesting 흥미로운, interested 흥미를 느낀/pleasing 기쁨을 주는, pleased 기쁨을 느끼는/satisfying 만족시키는, satisfied 만족스러운/tiring 피로감을 주는, tired 피로한/troubling 당황하게 하는, troubled 당황한

- The interview of team member **is boring** actually.
  사실 팀원의 인터뷰는 지루합니다.

- Many fans **aren't bored by** the unique events during break.
  많은 팬들이 쉬는 시간 동안 독특한 이벤트에 지루하지 않습니다.

- The Olympics was an **exciting** mega event.
  올림픽은 흥미진진한 대형 이벤트였습니다.

- Many people were **excited** by the Olympics.
  많은 사람들은 올림픽에 흥분했습니다.

여기서 잠깐!

● **동명사와 분사의 차이**

　① **동명사**(동사원형 ~ing) : <동사+명사>의 역할로 '~하는 것'으로 해석함

　② **분사**(동사원형 ~ing) : <동사+형용사>, <동사+부사>의 역할로 '~하고 있는, ~하고 있다'로 해석함

　　• Seeing is believing.

　　　보는 것은 믿는 것이에요.

　　• Watching TV, he imitates playing soccer.

　　　TV를 보면서 그는 축구하는 흉내를 내요.

2 분사구문

① ~ 한 후에: after가 생략된 분사구문

② ~ 이기 때문에: because 혹은 since가 생략된 분사구문

③ ~ 할 때: when이 생략된 분사구문

④ ~ 하면서: while이 생략된 분사구문

⑤ 주절보다 먼저 일어난 일: have + 과거분사

⑥ with + 명사 + 분사

● **Hearing** the news of the win, we shouted out outside.

　우승소식을 듣고 우리는 밖에서 소리를 질렀어요.

　= After we heard the news of the win, we shouted out outside.

● **Being** so weak, we supported the team all the time.

저희 팀이 워낙 약했기 때문에 저희는 항상 팀을 응원했습니다.

= <u>Since our team was</u> so weak, we supported the team all the time.

- **Studying** in the United States, Kris published several papers in famous journals.

  미국에서 공부할 때/공부하면서 크리스는 유명한 저널에 여러 편의 논문을 발표했습니다.

  = <u>When Kris studied</u> in the United States, Kris published several papers in famous journals.

  = <u>While Kris studied</u> in the United States, Kris published several papers in famous journals.

- **Having finished** the project, she took a rest to watch the game at the arena.

  프로젝트를 마친 후, 그녀는 경기장에서 경기를 보기 위해 휴식을 취했습니다.

  = <u>After she finished</u> the project, she took a rest to watch the game at the arena.

- He was watching the game **with his ears closed**.

  그는 귀를 닫은 채 경기를 지켜보고 있었다.

2. 다양한 표현

1 현재분사 표현 [형용사 PART 03에도 등장]

a boring lecture 지루한 강의, a challenging problem 어려운 문제,

a demanding course 어려운 과목, flattering remarks 아부성 언급,

a lasting peace 지속적인 평화,

a missing child 실종 아이, a missing document 사라진 서류,

a rewarding career 보람 있는 직업,

acting president 대통령 유고 시 대통령직을 수행하는 사람,
an entertaining speech 즐겁게 만드는 연설, an exciting soccer match
흥분시키는 축구경기, an opposing point of view 반대되는 의견, binding
force 구속력, boiling hot 끓는 것 같이 뜨거운,
developing countries 개발도상국, existing equipment 기존 장비,
freezing cold 어는 것처럼 추운, remaining time 남은 시간,
remaining work 남은 일

- I can't stand **a boring lecture**.
  지루한 강의는 못 참겠어요.

- She is finding out about **a missing document**.
  그녀는 없어진 서류를 발견하고 있습니다.

- The training systems of developed countries give a new vision to
  developing countries.
  선진국의 훈련 시스템은 개발도상국에 새로운 비전을 제공합니다.

2 과거분사 표현 [형용사 PART 03에도 등장]

a complicated voting system 복잡한 투표 시스템, a distinguished
candidate 뛰어난 후보자, a limited budge 한정된 예산, a missed call 부
재 중 전화, a certified sports instructor 공인 스포츠지도사, an educated
guess 논리적인 추측, an established writer 기성작가, an experienced
coach 경험 많은 코치, an expected visit 예상치 않은 방문, an expired
warranty 만료된 인증서, an informal guess 합리적인 추측, an interested
parties 관계 당사자, automated service 자동화된 서비스, complicated
process 복잡한 절차, dedicated staff 헌신적인 직원들, limited time 제한된
시간, my beloved fellow citizens 친애하는 국민 여러분, registered mail 등
기우편, the aged 고령자, unfounded rumors 사실무근의 소문, untold ages
오랜 세월

- He will be **a distinguished candidate** for coach on a national soccer team.
  그는 국가대표 축구팀의 뛰어난 감독 후보가 될 것입니다.

- **A certified sports instructor** must have responsibilities.
  공인 스포츠 강사는 책임감이 있어야 합니다.

- There are specific athletic programs for **the aged**.
  노인을 위한 특정 운동 프로그램이 있습니다.

3 감정표현 동사

① 감정을 표현하는 동사는 거의 타동사로서 해석을 <~하게 하다>로 하게 됨.
   즉, anger는 '화나다'가 아니라 '화나게 하다'가 됨

② **anger** 화나게 하다(=outrage), **appall** 소름끼치게 하다, **bother** 성가시게 하다(=annoy), **concern** 관심을 끌다, **devastate** 마음을 찢어지게 하다, **disappoint** 실망시키다(=depress, dismay), **embarrass** 당황시키다(=confuse, perplex), **frustrate** 좌절시키다, **impress** 감동시키다(=move, touch), **interest** 흥미를 끌다, **please** 기쁘게 하다(=excite), **sadden** 슬프게 하다, **satisfy** 만족시키다(=content), **scare** 무섭게, 하다(=frighten), **surprise** 놀라게 하다 (=alarm, amaze, astonish, astound, startle), **threaten** 위협하다(=intimidate), **upset** 짜증나게 하다(=disturb)

- **I'm angered by the fact that** our national team was defeated helplessly.
  나는 우리 대표팀이 속수무책으로 졌다는 사실에 화가 납니다.
  (*be p.p. + by the fact that ~)

- Many people are disappointed to lose the game against a weak team.
많은 사람들이 약팀과의 경기에서 패배하여 실망합니다.

상류층 스포츠   테니스 역사

CHAPTER 04 | 테니스 Tennis

A: Look at that player. She has a very good stroke.

B: The opponent couldn't stop how strong the smash was.

A: 저 선수 보세요. 그녀는 스트로크가 매우 좋네요.

B: 스매시도 얼마나 강한지 상대선수가 못 막았어요.

A: We have to be quiet when a player serves in the tennis stands.

B: That's right, it's a necessary courtesy to maintain the player's concentration.

A: 우리는 테니스 관중석에서 선수가 서브를 넣을 때는 조용해 줘야죠.

B: 맞아요, 선수의 집중력을 유지하기 위해서 필요한 예의라고 할 수 있죠.

테니스 경기장	테니스 관객

● **테니스 표현**

(C) **come from behind** 역전하다(a come from behind victory 역전승), **Cross the Line** 선을 넘어

(F) **Fall Behind** 상대 선수에게 뒤지다, **Finals** 결승/복수형을 사용, **Finalist** 결승에 진출한 사람

(G) **Gain a Point** 1점을 얻다, **Gallery** 테니스와 골프에서 관객이란 의미, **Game** 포인트의 집합체로서 세트를 구성하는 단위/경기(=a game of tennis), **Garbage Shot** 행운으로 득점이 된 샷, **Glassfiber** 라켓, 스키 등의 유리섬유 소재, **Gear** 테니스 용구, 의복 등, **Get an ace** 득점을 많이 하는 에이스가 되다, **Good Loser** 게임에 패배했지만 훌륭한 태도를 보인 플레이어, **Grand Slam** 같은 선수가 1년 내에 4개의 최고 권위 있는 대회에서 우승하는 것, **Grand Stand** 일부분만 지붕을 설치한 관중석, **Grand Prix** 상금 총액 5만 달러까지의 연간 경기를 일괄한 시리즈, **Grip** 라켓 쥐는 법, **Ground Stroke** 코트 면에 튕긴 볼을 치는데 사용되는 일반적인 스트로크를 가리킴(=Stroke), **Gut** 라켓 프레임에 걸린 줄인 Strings의 일종

(H) **Have a good stroke at** 스트로크가 좋다, **Hot Headed Players** 성격이 격한 선수들

(I) **In Bounds** 선 안쪽으로, **ITF** 국제테니스연맹(=International Tennis Federation), **In the stands** 관중석에서

(K) **Knock-out System** 토너먼트 경기방식, 승자는 다음 라운드 진출, 패자는 탈락, **Knock-up** 경기 개시 전의 워밍업

(L) **Let** 예기치 않은 일로 원만한 플레이 진행이 방해됐다고 심판이 선고함, **Lettering** 유니폼 가슴이나 등에 부착하는 글자나 마크, **Level Up** 전반적으로 수준을 끌어올림, **Line** 테니스 코트의 하얀선, **Linesman** 코트 구역 안쪽의 유효타 혹은 바깥쪽의 무효타인지 판정하는 심판, **Line Judge** 선심, **Lob** 고의로 높게 띄워 상대의 배후를 찌르기 위한 타구, **Loop Swing** 라켓을 뒤로 빼는 백스윙에서 임팩트 직전의 포워드 스윙까지의 큰 동작

(M) **Make a Call** 판정을 내리다, **Mark** 테니스 코트 베이스라인의 중앙, **Meet one's match** 대등한 선수를 만나다, **Minus Forty** 강한 편의 플레이어가 3점을 약한 편에게 준 상태에서 게임 시작(=Owe Forty)

(N) **Net** 테니스 중앙 그물, **Net Cord Shot** 랠리 동안 네트를 스치고 들어간 볼(=Net Cord Stroke), **Net Play** 네트에 가까운 위치의 플레이(=Net Game), **Net Rusher** 네

트 플레이를 잘해 수시로 네트로 접근하는 사람, **Not Up** 2회 바운드 후 라켓을 내밀 때 주심은 무효를 선언함

(O) **On the Line** 그 선위 있는, **Order of Play** 경기 일정표, **Out of Bounds** 경계선 밖으로, **Outscoring one's opponent** 경쟁자보다 높은 점수를 얻는, **Overhand stroke** 손을 위로 올렸다가 내려치는 타구(**smash**), **Over the Line** 선을 넘는

(P) **Playing Area** 경기 구역

(Q) **Quarterfinals** 준준결승

(R) **Racket** 볼을 치기 위한 도구, **Rally** 연속적인 스트로크의 교환, **Ranking** 등급, **Ranking Player** 랭킹의 상위에 속하는 톱선수, **Reach** 손발을 뻗칠 수 있는 범위, **Ready** 선수나 선심들의 준비상태, **Receive** 서브를 받음, **Referee** 심판장, 상소심판, **Regular** 주전선수, **Replica** 우승컵·트로피·상패 등의 원본을 소유하지 않고, 복제품을 만들어 보관함, **Return** 볼을 받아침(**return the serve** 서브를 받아내다), **Rival** 경쟁상대/호적수, **Round Robin** 리그전, **Rush** 네트를 향해 전진하는 것

(S) **Semifinals** 준결승, **Semifinalist** 준결승에 진출한 사람, **Service Ace** 서비스 에이스, **Smash** 손을 위로 올렸다가 내려치는 강력한 타구(**a smashing victory** 대승), **Sneak up on someone** 누구에게 몰래 다가와 놀라게 하다, **Spectator Sports** 관람 스포츠

(T) **Take the lead over one's opponent** 나중에 상대보다 우세하다, **Tie up the match** 경기를 대등하게 하다

(W) **Win Back the Serve** 서브권을 가져 가다

● **과제**

1. 부정사를 활용하여 좋아하는 스포츠에 대해 영작하시오.

2. 동명사를 활용하여 좋아하는 스포츠에 대해 영작하시오.

3. 분사를 활용하여 좋아하는 스포츠에 대해 영작하시오.

전치사, 접속사, & 관계사
| 골프 Golf

CHAPTER
01 | 전치사 Preposition

1. 전치사의 기본

1 시간 앞에 쓰는 at, on, in

① at: 몇 시, 그 때를 나타낼 때 쓰임
② on: 요일, 날짜를 나타낼 때 쓰임
③ in: 월, 계절, 연도, 세기를 나타낼 때 쓰임
④ every, this, next, last, yesterday, tomorrow 등이 앞에 오면 <u>전치사를 쓰지 않음</u>

- There will be a big game on TV **at** 3 p.m.
  오후 3시에 TV에서 큰 경기가 있을 것입니다.

- I start a new challenge to learn tennis **on** Sunday.
  나는 테니스를 배우는 새로운 도전을 일요일에 시작합니다.

- American football originated in the United States **in** the early 20th century.
  미식축구는 미국에서 20세기 초에 시작됐습니다.

- We do martial art every Saturday.
  우리는 매주 토요일에 무술을 합니다.

2 장소 앞에 쓰는 at, on, in

① at: 행사장소, 그 지점을 나타낼 때 사용함
② on: 바로 위 혹은 접촉의 개념의 장소를 나타낼 때 사용함
③ in: 큰 공간의 장소를 나타낼 때 사용함

- I will meet her **at** the entrance of a stadium.
  나는 그녀를 경기장 입구에서 만날 것입니다.
- A ball is lying **on** the field.
  공이 필드 바로 위에 놓여 있습니다. (↔ beneath/underneath, 바로 ~ 아래에 있는)
- I got **on** the bus to go the stadium.
  나는 경기장에 가기 위해 버스에 탔습니다. (on: 접촉 ↔ off: 분리 I got off the bus. 나는 버스에서 내렸습니다.)

여기서 잠깐!

- **시간과 장소에 관한 기타 전치사**
  ① 시간: **after/before** ~후에/~전에, **ahead/behind** ~보다 앞선/~보다 늦게, **into** ~한지 얼마 지나서, **through/throughout** ~동안 내내
  ② 장소: **after/before** ~후의 순서에/~전의 순서에, **in front of/behind** ~ 앞에/~뒤에, **over/under** ~의 위쪽에/~의 아래쪽에, **above/below** ~ 보다 위에/보다 아래에, **by/near/around** ~옆에/~에 가까이/~주위에, **beneath/underneath** 바로~아래에 있는, **over** 멀리, **on/off** 접촉/분리
    - He is always <u>ahead of</u> his opponents in the same position.
      그 선수는 같은 포지션의 상대 선수보다 기량이 항상 앞서 있어요.
    - The team arrived <u>in front of</u> the fans and waved.
      팬들 앞쪽으로 선수단이 도착하여 손을 흔들었어요.

2. 전치사의 개념 차이

1 for와 during의 시간개념 차이

How long~?(얼마나 오랫동안)에 대한 대답으로 for(~의 시간 동안)를 쓰고, When~?(언제)에 대한 대답으로 during(~의 특정 기간 동안)을 씀

A: **How long** has he been in there **during the off-season**?
   그는 비시즌 동안 얼마나 오랫동안 거기에 있었습니까?

B: The athlete stayed at his hometown **for about one month**.
   그 선수는 약 한 달 정도 그의 고향에 머물렀습니다. (*for + **기간**)

A: **When** did you visit the tennis club?
   당신은 언제 테니스 클럽에 방문을 했습니까?

B: I visited there **during the summer vacation**.
   나는 여름방학 동안 그곳을 방문했습니다. (*during + **특정 기간**)

2 for와 since의 시간개념 차이

<for(~의 시간 동안) + 기간>을 쓰고, <since(~이래로) + 과거시점>을 씀

• I have been waiting for her in front of the arena **for 30 minutes**. It's 4 p.m.
  나는 경기장 앞에서 그녀를 30분 동안 기다리고 있습니다. 지금 오후 4시입니다. (*for + **기간**)

• I have been waiting for her in front of the arena **since half past three**.
  나는 경기장 앞에서 그녀를 3시 반부터 기다리고 있습니다. (*since + **과거시점**)

3 in과 within의 시간개념 차이

in(~시간이 지나고 ~후에)은 경과한 미래를 뜻하고, within(~내에)은 시간이 지나기 전의 미래를 뜻함

- I'll be back **in two hours** after ending the soccer game.
  나는 축구 경기를 끝내고 두 시간 후에 돌아올 것입니다.
- Can you come back **within two hours**?
  당신은 두 시간 안에 올 수 있어요?

4 by와 until의 시간개념 차이

by(~까지)는 그때까지 해야 한다는 완료의 개념이고, until 혹은 till(~까지)은 그때까지 계속 진행된다는 개념임

- The agent must submit a player's salary increase request to the club **by Thursday**.
  그 에이전트는 목요일까지 선수의 연봉인상 요청서를 구단에 제출해야 합니다.
- The club will wait **until Thursday** for a player's salary increase request from agents.
  구단은 선수의 연봉인상 요청서를 에이전트들로부터 목요일까지 기다릴 것입니다.

여기서 잠깐!

- **이동과 방향에 관한 기타 전치사**
  ① 이동: **across** ~을 가로 질러, **along** ~을 따라, **by way of** ~을 거쳐서, **via** ~에 의해(***by means of** ~에 의해, 수단)
  ② 방향: **into/out of** ~안으로/~에서 밖으로, **to** ~의 목적지로, **for** 운송 수단을 이용한 ~의 목적지로
    - Our national team has to go to Brazil <u>in way of</u> the United States.
      우리 대표팀은 미국을 경유해서 브라질로 가야 합니다.
    - If you go <u>into</u> the world's largest stadium, there are various amenities.
      세계에서 가장 큰 경기장에 들어가면 다양한 편의 시설이 있습니다.

5 between과 among의 공간개념 차이

between(~사이에)은 두 개의 물체나 시간의 사이를 의미하고, among(~중에)은 여러 개의 중에란 개념임

- Didn't you know that there is the world's largest stadium **between** the two cities?
  두 도시 사이에 세계 최대 규모의 경기장이 있다는 것을 몰랐어요?

- I saw friends cheering for other teams **among** the crowd.
  나는 군중 속에서 다른 팀을 응원하는 친구들을 봤습니다.

6 through와 throughout의 공간개념 차이

through(~을 관통하며)는 관통하는 개념이고, throughout(~넓게 퍼져 있어)은 넓게 퍼져 있는 개념임

- The subway line runs **through** Olympic Park.
  지하철 노선은 올림픽 공원을 관통합니다.

- In Vietnam, Korean fever spread **throughout** the country.
  베트남에서 한국 열기는 나라 전체에 널리 퍼졌습니다.

7 by와 through의 수단개념 차이

by e-mail 이메일로, by car 차량으로, by taxi 택시로, by bus 버스로, by train 기차로, by bike 자전거로, by boat 보트로, by ferry 페리로, by plane 비행기로 [관사 PART 02에도 등장]
by accident 사고로, by chance 우연히, by mistake 실수로

- I usually communicate to her **by email**.
  저는 보통 그녀에게 이메일로 연락합니다.

- The reliever threw the ball **by mistake**.
  구원투수가 실수로 공을 던졌습니다.

- I bought the ticket **through** my friend.
  나는 친구를 통해 티켓을 샀어요.

여기서 잠깐!

- **다양한 형태의 전치사**

  ① ~ 에 따르면/~에 따라: according to/depending on, following

  ② ~ 없으면/~외에도: barring/in addition to

  ③ ~ 때문에/~덕분에: because of, due to, owing to/thanks to

  ④ ~ 에 관해/~을 고려해 볼 때: regarding, concerning, about/ considering, given

  ⑤ ~ 의 경우에 대비하여/~을 대신하여: in case of/on behalf of, instead of

  ⑥ ~ 에도 불구하고/~에 상관없이: in spite of, despite/regardless of

  ⑦ ~ 을 포함하여/~을 제외하고/~심의 중인: including/excluding/ pending

  - According to the recent news, there is no eternal strong team.
    최근 뉴스에 따르면 영원한 강팀은 없습니다.

  - Despite having a new player, there is no sign that the whole team's performance will improve.
    새로운 선수가 있음에도 불구하고 팀 전체의 경기력이 좋아질 기미가 보이지 않습니다.

골프

골프 용품

CHAPTER
02 | 접속사 Conjunctions

※ 접속사의 세 가지 기능
① 두 문장의 관계를 파악할 수 있다.
② 어떤 접속사를 사용하느냐에 따라 의미를 부여된다.
③ punctuation(구두점, 구두법)을 정확하게 쓸 수 있다.

1. 접속사의 기본

1 접속사의 특징

접속사는 자리이동이 안되지만, 부사는 이동이 자유로움

- The weather was very cold, **so** the final game was delayed. **(접속사)**

  = The weather was very cold; <u>therefore</u> the final game was delayed. **(부사)**

  = The weather was very cold; the final game, <u>therefore</u>, was delayed. **(부사)**

  = The weather was very cold; the final game was delayed, <u>therefore</u>. **(부사)**

  날씨가 매우 추워요. 그래서 결승전이 연기됐어요.

- I didn't put on my raincoat while I saw a baseball game in a stadium, **so** I got wet. **(접속사)**

  = I didn't put on my raincoat while I saw a baseball game in a stadium. <u>Consequently</u>, I got wet. **(부사)**

  = I didn't put on my raincoat while I saw a baseball game in a stadium. I,

Consequently, got wet. **(부사)**

= I didn't put on my raincoat while I saw a baseball game in a stadium. I got
wet, Consequently. **(부사)**

저는 경기장에서 야구를 볼 때 비옷을 입지 않았어요. 결과적으로 젖었어요.

2 접속사의 종류

① 등위: and 그리고, but 그러나, for ~니까, so 그래서, yet 그렇지만
② 상관: between A and B(A와 B 사이에), both A and B(A와 B 둘 다),
either A or B(A 또는 B 둘 중 하나), neither A nor B(A도 B도 아닌),
not only A but also B(A뿐만 아니라 B도=B as well as A=A, and B as
well), not A but B(A가 아니라 B), not A or B(A도 B도 아니다)
③ 종속: 부사절을 이끌거나 명사절을 이끎

• It may be going to rain tomorrow, **for** it is very cloudy now.
지금 날씨가 매우 흐리니까, 내일 비가 올지도 모릅니다. (*For it is ~, it
may be ~ 는 틀린 문장임)

= It may be going to rain tomorrow, <u>because</u> it is very cloudy now.

= <u>Because</u> it is very cloudy now, it may be going to rain tomorrow.

• The junior born **between** him **and** her is becoming the best player in
the world.
그와 그녀 사이에 태어난 주니어 선수는 세계 최고의 선수로 거듭나고 있어요.

2. 전치사와 접속사 비교

1 ~ 때문에 because of와 because

① 전치사: because of, due to, owing to + 명사, 동명사, 대명사
② 접속사: because, since, as, for, now that + 주어 + 동사

- We can't visit the gym **because** it isn't open.
  우리는 체육관이 열지 않았기 때문에 방문할 수 없습니다.

- **Because** it was very cold, the final game was delayed. [접속사]
  춥기 때문에 마지막 경기는 지연됐습니다.(*첫 문장 후에 **쉼표**를 씀)
  = Because of the cold weather, the final game was delayed. [전치사]
  = The final game was delayed because it was very cold. [접속사]

- KBO postponed the game **because of** the coronavirus.
  한국야구위원회 Korea Baseball Organization는 코로나바이러스 때문에 경기를 연기했습니다.

- The traffic was heavy. I was late to the stadium **due to** the heavy traffic.
  교통이 정체됐다. 나는 교통정체 때문에 경기장에 늦었습니다.

- It is important to wear a hat when watching outdoor games on hot days **since** we should be protected from the sun's ultraviolet rays.
  우리는 태양의 자외선으로부터 보호를 받아야 하기 때문에 뜨거운 날에 야외 경기를 관람할 때 모자를 쓰는 것은 중요하다.

2 ~ 동안에 during과 while

① 전치사: during + 명사, 동명사, 대명사
② 접속사: while + 주어 + 동사

- I'm learning weight training **during the summer vacation**.
  나는 여름방학 동안 웨이트 트레이닝을 배우고 있어요.

- I am thinking about learning to ski **while I learn** yoga **during winter vacation**.
  나는 겨울방학에 요가를 배우면서 스키를 배워볼까 생각 중입니다.

3 비록 ~ 이지만 despite와 although

① 전치사: despite, in spite of + 명사, 동명사, 대명사
② 접속사: although, though, even though, even if + 주어 + 동사

- **Even though hot summer**, I will not neglect my exercise.
  비록 더운 여름이지만, 나는 운동을 게을리 하지 않을 것입니다.

- **Even though I am** weak in the heat, I will exercise hard outdoors.
  비록 나는 더위에는 약하지만, 야외에서 운동을 열심히 할 것입니다.

여기서 잠깐!

- **even if와 even though의 차이**
  - Even if you watch the game, the result won't change.
    당신이 그 경기를 본다고 해도, 결과는 달라지지 않을 거예요.
    (*even if + 아직 일어나지 않는 일)
  - Even though I watched the game, I felt stuffy throughout the game.
    비록 나는 경기를 봤지만, 경기 내내 답답했어요.
    (*even though + 일어난 사실)

4 ~를 위하여 for와 so that

① 전치사: for + 명사, 동명사, 대명사
② 접속사: so that, in order that + 주어 + 동사

- The agent is always thinking and negotiating **for the player**.
  에이전트는 항상 선수를 위해 생각하고 협상합니다.

- The agent does his best **so that he gets** good results.
  에이전트는 좋은 결과를 얻을 수 있도록 최선을 다합니다.

5 ~ 할 경우에 in case of와 in case

① 전치사 : in case of + 명사, 동명사, 대명사
② 접속사 : in case, in case that, as long as, if, provided, provided that
  + 주어 + 동사

• First aid should be given **in case of an accident** at the stadium.
  경기장에서 사고가 났을 때 응급처치를 해야 합니다.

• **In case that a player is kicked out**, the owner should always be
  prepared to recruit players from the same position on another team.
  선수가 퇴출될 경우 구단주는 항상 다른 팀에서 같은 포지션의 선수를 영
  입할 준비를 해야 합니다.

여기서 잠깐!

● **다양한 표현의 접속사**
  as 주어 + 동사, so 주어 + 동사(~와 마찬가지로 ~한다), 형용사 as + 주
  어 + 동사(비록 ~하지만), by the time(~할 때쯤), in case(~할 경우에 대
  비하여), provided(~라면 = if), no matter 의문사 + 주어 + 동사(아무
  리 ~하다 할지라도), not ~till 주어 + 동사(~하고 나서야 비로소 ~하다 =
  not until ~ that 주어 + 동사), so that(~하기 위해 = in order that),
  the moment(~하자마자 = as soon as), this way(이렇게 하면), that
  way(그렇게 하면), unless(~하지 않는 한 = if not)
    • No matter how good a player is, teamwork is the most important thing.
      아무리 선수가 뛰어난다고 할지라도, 팀워크가 가장 중요합니다.

골프 선수

골프 관객

CHAPTER 03 | 관계사 Relatives

1. 관계대명사

> 관계대명사는 <접속사 + 대명사>를 뜻함
>
> ───────────────────────────────── 🎵 ─

1 주어 역할 who, which, that, what

주격 관계대명사는 사람엔 who, 동물과 사물엔 which, 사람·동물·사물엔 that, 선행사를 포함한 사물엔 what을 씀

- He likes an athlete **and she** can play tennis very well.
  그는 한 선수를 좋아합니다. 그리고 그녀는 테니스를 매우 잘 칩니다.
  = He likes an athlete <u>who</u> can play tennis very well.
  그는 테니스를 잘 치는 선수를 좋아합니다.

2 소유격 역할 whose, of which

소유격 관계대명사는 사람엔 whose, 동물과 사물엔 whose, of which를 씀

- I know a man **and his sister** was a famous athlete in gymnastics.
  나는 한 남자를 압니다. 그의 동생은 체조 분야에서 유명한 선수였습니다.
  = I know a man <u>whose sister</u> was a famous athlete in gymnastics.
  나는 동생이 체조 분야에서 유명한 선수였던 한 남자를 압니다.

3 목적어 역할 whom, which, that, what

목적격 관계대명사는 사람엔 whom, 동물과 사물엔 which, 사람·동물·사물엔 that, 선행사를 포함한 사물엔 what을 씀

- She has a T-shirts **and** the famous athlete gave **it** to her.
  그녀는 티셔츠를 갖고 있다. 그리고 그 유명한 선수가 그것을 그녀에게 주었다.
  = She has a T-shirts <u>which</u> the famous athlete gave to her.
  그녀는 그 유명한 선수가 준 티셔츠를 갖고 있다.
  = She has a T-shirts <u>that</u> the famous athlete gave to her.
  = She has a T-shirts the famous athlete gave to her.

2. 관계부사

관계부사는 <접속사 + 부사>를 뜻함

— 99 —

1 장소 where

선행사에서 장소를 나타낼 때는 where를 씀

- She visited me **in my lab, and** I was writing the paper **there**.
  그녀는 내 연구실에서 나를 방문했고, 나는 그곳에서 논문을 쓰고 있었습니다.
  = She visited me <u>in my lab where</u> I was writing the paper.
  그녀는 내가 논문을 쓰고 있었던 내 연구실에서 나를 방문했다.

2 시간 when

선행사에서 **시간을 나타낼 때**는 when를 씀

- She visited me **on Monday, and** I was writing the paper **then**.
  그녀는 월요일에 나를 방문했고, 나는 그때 논문을 쓰고 있었습니다.

  = She visited me **on Monday when** I was writing the paper.
  그녀는 내가 논문을 쓰고 있었던 월요일에 나를 방문했습니다.

3 이유 why

선행사에서 **이유를 나타낼 때**는 why를 씀

- She visited me to ask **the reason, and** I was writing the paper **for the reason**.
  그녀는 그 이유를 묻기 위해 나를 방문했고, 나는 논문을 쓰고 있었습니다.
  = She visited me the reason why I was writing the paper.
  그녀는 내가 논문을 쓰고 있었던 이유를 묻기 위해 나를 방문했습니다.
  = She visited me why I was writing the paper.
  = She visited me the reason I was writing the paper.

4 방법 how

선행사에서 **방법을 나타낼 때**는 how를 씀, the way how는 쓰지 않음

- She visited me to know **the way, and** I was writing the paper **in the way**.
  그녀는 그 방법을 알기 위해 나를 방문했고, 나는 논문을 쓰고 있었습니다.
  = She visited me how I was writing the paper
  그녀는 내가 논문을 쓰고 있었던 방법을 알기 위해 나를 방문했습니다.

= She visited me <u>the way</u> I was writing the paper.

= She visited me <u>the way that</u> I was writing the paper.

= She visited me <u>the way which</u> I was writing the paper.

 여기서 잠깐!

- **다양한 표현의 관계사**
  ① ~하는 어떤 사람/~하는 어떤 것: whoever(=anyone who), whomever(=anyone whom), whatever(=anything that)
  ② 아무리 ~하다 할지라도/ ~든지: whoever(=no matter who), whatever(=no matter what), whenever(=no matter when), wherever(=no matter where), however(=no matter how)
    • <u>Whoever</u> exercises hard is more likely to stay healthy.
      운동을 열심히 하는 사람은 누구나 건강을 유지할 가능성이 더 높습니다.
    • <u>No matter how</u> expensive the exercise program is, it will not work unless you are willing to do it consistently.
      아무리 비싼 운동 프로그램이라 할지라도 꾸준하게 할 의지가 없으면 효과가 없을 것입니다.

우승

홀인원

CHAPTER

04 | 골프 Golf

A: What did her shoot yesterday?
B: I heard she shot a 90.

A: 그녀는 어제 얼마나 쳤습니까?
B: 90을 쳤다고 들었어요.

A: He is playing hole-in-one in a row.
B: It's like a miracle.

A: 그는 연속으로 홀인원을 하는군요.
B: 기적과 같은 일입니다.

골프용품 가게	골프 코스

여기서 잠깐!

- **골프 표현**
(B) **Bogey** 보기, 기준타수보다 1타 많은 타수로 홀인함
(C) **Caddie** 캐디, **Casual Round** 승패에 상관없는 가벼운 경기, **Chip Shot** 손목 동작으로 공을 짧고 낮게 치는 것, **Club** 클럽, 골프의 타구봉
(D) **Double Bogey** 파 5의 홀을 2타로 홀아웃한 경우(=albatross), **Down** 상대방에서 지고 있는 홀수와 타수, **Down Blow** 공을 치기 위한 스윙의 단계, **Down Hill Lie** 볼이 내리막 경사면에 놓여 있는 상태, **Down Swing** 클럽이 아래 방향으로 공까지 움직이는 스윙 부분, **Drop** 드롭, 골프 공이 웅덩이에 빠진 경우 손으로 공을 어깨높이에서 규칙에 정해진 위치에 떨어뜨려 플레이를 다시 하는 것
(E) **Egle** 이글/기준타수보다 2타 적은 타수로 홀인함, **Even** 이븐/기준타수와 타수가 같은 경우, **Extra Hole** 엑스트라 홀, 연장 홀로 들어가는 경우
(F) **Fairway** 페어웨이는 각 홀의 출발점(tee)과 퍼팅 그린(putting green) 사이에 있는 구역, **Free Shot** 무효타(mulligan)
(G) **Gallery** 갤러리, 골프장 관객, **Get lucky** 운이 좋다, **Golf Course** 골프경기를 할 수 있게 조성된 경기장/정식코스는 18홀 이상임, **Give Me** 짧은 퍼팅에서 홀인을 인정하는 오케이(OK)의 의미(=Give), **Give Up** 경기를 포기하는 의미, **Going Out** 클럽하우스로부터 출발해 나가는 방향의 9홀을 의미(=Out), **Gooseneck** 클럽헤드가 거위의 머리같이 굽어져 있는 퍼터, **Grass Bunker** 모래가 아닌 잔디로 만들어진 벙커, **Green** 깃대와 홀컵이 있는 곳/퍼팅지역, **Green Jacket** 골프 경기 우승자에게 입혀 주는 초록색 상의, **Green Keeper** 코스나 그린을 정비와 관리를 하는 사람, **Green Fee** 골프장에 지불하는 사용료, **Grip** 클럽샤프트의 손잡이/샤프트를 쥐는 동작, **Groove** 타구 시 정확도를 높이려고 클럽페이스에 일정하게 파인 홈 혹은 선, **Guiding Post** 각 홀에 대한 안내판
(H) **Handicap** 핸디캡/기준타수(par)를 기준으로 각자 능력에 따라 차등을 두게 하면서 역량을 맞추는 것, **Have a do-over** 무효로 하고 다시 하다, **Hole in One** 홀인원
(L) **Lucky Shot** 행운의 샷(hit a lucky shot 행운의 샷을 치다)
(M) **Match Play** 매치 플레이/각 홀마다 승패를 겨루는 방식, **be marked by a flag** 깃발을 표시하다
(N) **Nearest** 정해진 파 3홀에서 홀에 가장 근접시킨 사람, **Neck** 클럽헤드와 샤프트가 연결되는 목부분, **Neutral Grip** 샤프트와 엄지손가락이 일치하게 잡는 가장 기본적인 그

립법, **Net** 네트; 1라운드의 총 타수에서 핸디캡을 뺀 타수, **Nice Shot** 상대가 샷을 잘 했을 때 칭찬(=**Good Shot, Beautiful Shot**), **19th Hole** 결승전(**playoff round**), 한 라운드를 마치고 음식 혹은 술을 마시는 장소를 뜻하는 속어(**slang**)

(O) **On the Green** 잘 다듬어진(**well-groomed**) 잔디로 둘러싸인 그린에(**put the ball on the green** 공을 그린 위에 얹어 놓다)

(P) **Par for the course** 코스의 기준타수, **Putt the Ball** 볼을 퍼팅하다

(R) **a rare occurrence** 매우 드문일, **Roll very close to the hole** 공이 홀 가까이까지 굴러가다, **Rough** 골프 코스의 한 구역인 러프/페어웨이(**fairway**)를 따라 그린 뒤쪽에 위치함(**In the rough** 러프에), **Round** 라운드/18홀 플레이

(S) **Sandtrap** 여러 장애물(**hazards**) 중 하나/벙커(**bunker**), **Stroke Play** 스트로크 플레이/한 번에 여러명과 함께 할 수 있는 일반적인 경기방식, **Be stuck in the sandtrap** 장애에 부딪히다(**be in a sandtrap**)

(T) **Take a Mulligan** 무효로 하다, 실수를 바로 잡다, **Tee** 티/각 홀의 1타를 치는 지점, **Tee off** 티오프/시작하다, **Through luck** 운으로

(U) **Under par** 언더 파, 기준타수(**par**)보다 적은 타수로 플레이함

● **과제**
1. 전치사를 활용하여 좋아하는 스포츠 활동에 대해 영작하시오.
2. 접속사를 활용하여 좋아하는 스포츠 활동에 대해 영작하시오.
3. 관계사를 활용하여 좋아하는 스포츠 활동에 대해 영작하시오.

저자소개

문개성

(현) 원광대학교 스포츠과학부 교수
(현) 스포츠특화도시연구소 소장
(현) 미국 조지아주 헤리티지 LLC 전문위원(스포츠 산업과 미래자산)
(현) 스포츠 AI & 빅데이터 학회 이사
(현) 국제 및 전국규모 체육대회 평가단장(전북 전주시)
(전) University of Florida, Dept. of Sport Management, Research Scholar/교환교수
(전) 문화체육관광부 국민체육진흥공단 Tour de Korea 조직위원회 스포츠마케팅 팀장
(전) 경희대학교 테크노경영대학원 외래교수

저서

나를 성장시킨 노자 도덕경: 재야 뮤지션 노하 老河와 함께하는(개정판). 부크크, 2024
K-MOOC와 함께하는 스포츠 마케팅(개정2판), 박영사, 2024
스포츠산업 경영과 마케팅 이해(공저), 서울특별시교육청, 2024
스포츠 에이전트 직무해설서: 선수 대리인의 비즈니스 관점(개정3판), 박영사, 2024
스포츠 사회와 윤리: 21세기 과제와 비전, 박영사, 2024
스포츠 경영: 21세기 비즈니스 미래전략(개정2판), 박영사, 2023
현대사회와 스포츠: 미래에도 무한한 인류 공통의 언어(개정2판), 박영사, 2023
스포츠 마케팅 4.0: 4차 산업혁명 미래비전(개정2판), 박영사, 2022
체육 스포츠 행정의 이론과 실제(공저), 박영사, 2022
스포마니타스: 사피엔스가 걸어온 몸의 길(하빌리스에서 검투사까지), 박영사, 2021(세종학술우수도서)
스포츠 창업 해설서: 스타트업 4.0 미래시장, 박영사, 2020
보이콧 올림픽: 지독히 나쁜 사례를 통한 스포츠 마케팅 이해하기, 부크크, 2019
스포츠 갬블링, 커뮤니케이션북스, 2017
스포츠 마케팅, 커뮤니케이션북스, 2016
스포츠 매니지먼트, 커뮤니케이션북스, 2016
스포츠 인문과 사회, 커뮤니케이션북스, 2015

스포츠 영어: 묶음 문법으로 보는 스포츠 세상

초판발행	2025년 3월 1일
지은이	문개성
펴낸이	안종만·안상준
편 집	탁종민
기획/마케팅	최동인
표지디자인	권아린
제 작	고철민·김원표
펴낸곳	(주)**박영사**
	서울특별시 금천구 가산디지털2로 53, 210호(가산동, 한라시그마밸리)
	등록 1959.3.11. 제300-1959-1호(倫)
전 화	02)733-6771
f a x	02)736-4818
e-mail	pys@pybook.co.kr
homepage	www.pybook.co.kr
ISBN	979-11-303-2146-2 93690

정 가   23,000원